宜宾市博物院
YIBIN MUSEUM

西南屏壁

罗培红　主编

文物出版社

图书在版编目（CIP）数据

西南半壁 / 罗培红主编 . -- 北京 : 文物出版社,
2019.9

ISBN 978-7-5010-6247-8

Ⅰ . ①西… Ⅱ . ①罗… Ⅲ . ①文物工作—宜宾—文集
②博物馆—工作—宜宾—文集 Ⅳ . ① G269.277.13-53

中国版本图书馆 CIP 数据核字（2019）第 182622 号

西南半壁 2019

编　　者：宜宾市博物院

责任编辑：李缙云　刘良函
责任印制：梁秋卉

出版发行：文物出版社有限公司
社　　址：北京市东直门内北小街 2 号楼
邮政编码：100007
网　　址：http: //www.wenwu.com
邮　　箱：web@wenwu.com
经　　销：新华书店
印　　刷：北京京都六环印刷厂
开　　本：787mm × 1092mm　1/16
印　　张：9.25
版　　次：2019 年 9 月第 1 版
印　　次：2019 年 9 月第 1 次印刷
书　　号：ISBN 978-7-5010-6247-8
定　　价：68.00 元

主管单位　宜宾市文化广播电视和旅游局
主办单位　宜宾市博物院
编辑出版　《西南半壁》编委会

地　　址　四川省宜宾市翠屏区真武山七组 46 号
邮　　编　644000
电　　话　0831-8224168
网　　址　xnbb2018@163.com

目录 CONTENTS

博物馆建设

藏品研究

文史探索

考古发现

古迹追踪

非遗保护

彩版一　赫章可乐出土铜鼓

彩版二　赫章辅处出土铜鼓

彩版三　包弼臣绘山水图

（宜宾市博物院收藏　朱大文捐赠）

彩版四　张善子绘设色虎中堂

（宜宾市博物院收藏　朱大文捐赠）

彩版五 “长发升”老作坊发现的与酿酒有关的灶坑遗迹

彩版六 “长发升”老作坊出土青花杯

彩版七 “利川永”老作坊出土青花碗

彩版八 “刘鼎兴”老作坊出土青花勺

彩版九 《云台胜纪》封面

彩版一〇《嘉庆重修三台县志》附“云台对峙”

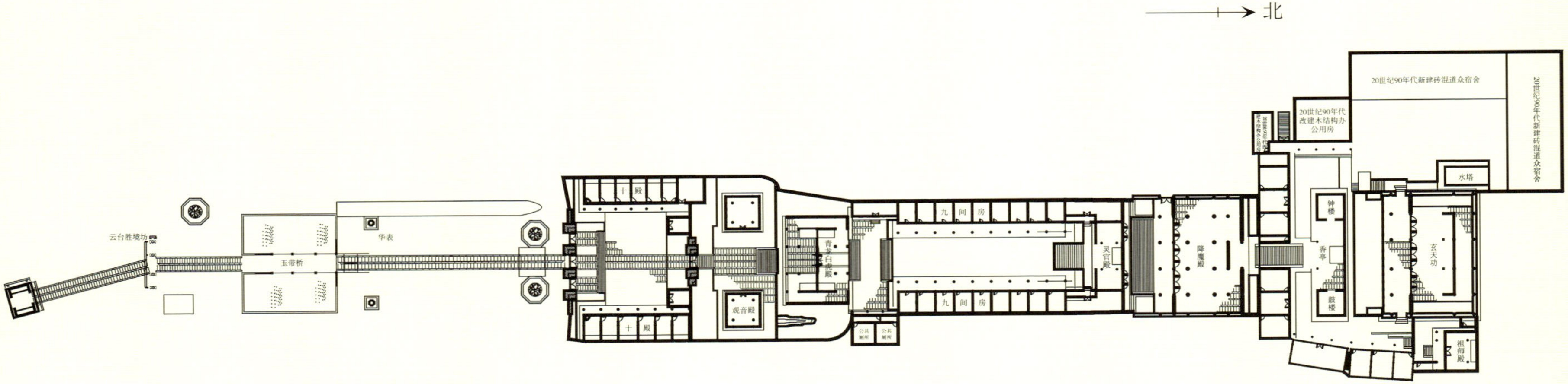

彩版一一　云台观总平面图（测绘、制图：戴旭斌）

博物馆旅游资源属性及旅游价值提升研究

段炳刚　四川省文物局博物馆处（科技处）副处长

在新一轮机构改革中，全国文化与旅游部门顺利实现整合，文化和旅游融合发展成为当前的热点话题。长期以来，博物馆主要以文物收藏机构和公共文化服务机构的定位在履行职能。但不论有意或者无意，博物馆都在推动旅游发展中发挥了重要作用。随着文化和旅游融合发展的深入推进，博物馆的旅游属性必将进一步显现。本文拟从理论探讨和现实考察两方面入手，分析博物馆作为旅游资源的定位，进而探讨基于“吸引力”提升的博物馆旅游价值的提升策略。

一　博物馆是重要的旅游资源

（一）博物馆旅游资源定位的理论探讨

旅游资源是一个十分宽泛的概念。《旅游景区质量等级的划分与评定》（GB/T 17775-2003）认为，旅游资源是自然界和人类社会凡能对旅游者产生吸引力，可以为旅游业开发利用，并可产生经济效益、社会效益和环境效益的各种事物和因素，同时，将“文博院馆”作为旅游景区的一个重要类别。

旅游资源与旅游景区的含义有很大程度的重叠。旅游景区仅指“旅游者吸引物”，而旅游资源外延更大，可以指向与旅游相关的各种要素。在上述国家标准中，旅游资源被译为“tourism resources”，旅游景区译为“tourist attraction”。有学者研究认为英文“tourist attraction”常常用于对“旅游资源”的表达[1]。这也恰恰说明了旅游资源与旅游景区的概念重叠。显然，作为旅游景区一大类型的“文博院馆”，必然也是旅游资源。

《中华人民共和国旅游法》未规定何为旅游资源，但是在正文第十二条提及了“对自然资源和文物等人文资源进行旅游利用”，第四十三条提及了“公益性的城市公园、博物馆、纪念馆等，除重点文物保护单位和珍贵文物收藏单位外，应当逐步免费开放”，都将博物馆纳入到旅游资源之中，而且视为值得特别关注的一类旅游资源。

最初的博物馆主要功能为收藏。19世纪末以来，博物馆公共性日益突出，博物馆成为公众的参观游览场所，承担服务于社会和社会发展的重要使命成为国际共识。20世纪70年代以后，随着西方“服务经济时代”的到来，博物馆“以人为本”的运营理念进一步被强调[2]。2009年，国际博物馆协会将当年“国际博物馆日”的主题确定为“博物馆与旅游”，推动了博物馆旅游的研究与宣传推广。

博物馆符合旅游资源术语定义中的“吸引力”标准。2015年颁布的《博物馆条例》规定：博物馆是以教育、研究和欣赏为目的，收藏、保护并向公众展示人类活动和自然环境的见证物，经登记管理机关依法登记的非营利组织。博物馆不仅仅是物质或非物质的历史记忆的保存地和基因库，更重要的职能是通过陈列展览以及社会活动展示、表达和传播多姿多彩的、富有魅力的文化、艺术、自然以及科技成就等。博物馆既为本地公众提供公共文化服务，也吸引着外来游客前来参观游览，了解本地的自然、历史、艺术、习俗等，成为人们集中了解一个区域、一座城市的重要游览场所。作为有着独特人文或自然等资源、以吸引观众前来参观游览为重要目的的公共场所，博物馆自然具备强烈的旅游资源属性。

同时，博物馆也符合旅游体验的“5E”理论。旅游体验的“5E”理论认为，随着体验经济时代来临，当今旅游业发展呈现体验化趋势，游客体验可分为娱乐（Entertainment）、教育（Education）、逃避（Escape）、审美（Estheticism）、移情（Empathy）五大类[3]。有学者已关注到以旅游人类学为视角的博物馆旅游的体验价值[4]。博物馆种类繁多，按照中国博物馆协会博物馆评估的分类方法，博物馆可分为历史文化与综合类、自然科技与专题类、纪念类、遗址类等。各类别的博物馆又有不同的主题、内容以及丰富的表现形式。以“5E”理论来检视博物馆的游客体验，博物馆至少在“教育”“审美”方面有着绝对的优势；同时，一些时代较近、贴近生活实际的革命题材、伟人题材、生活题材、民俗题材、工业遗产题材、农耕文化题材、改革开放题材、抗震救灾题材等还会对观众产生强烈的“移情”；自然、科技等类型的博物馆以及博物馆中的互动体验项目、趣味教育活动具备“娱乐”的特征；此外，诸多观众调研报告表明有很多人也会通过参观博物馆而“逃避”（或称作“遁世”），逃离工作压力等给人带来的种种烦恼。

（二）博物馆旅游资源定位的现实考察

在实际生活中，博物馆普遍被视为旅游景区，或作为旅游景区的核心组成部分。除了参加博物馆评估定级外，旅游景区评定是博物馆参加得最多、最普遍的主动评估。经评定公布的各级别景区中，已经有大量的博物馆。

以四川省为例，截至目前，5A级景区名单中，广安小平故里、仪陇朱德故里、北川羌城分别有邓小平故居陈列馆、朱德同志故居纪念馆、北川羌族民俗博物馆和“5.12”汶川特大地震纪念馆、汶川县博物馆和“5.12”汶川特大地震映秀震中纪念馆作为重要支撑。成都华西昆虫博物馆位于青城山游客中心，为5A级景区青城山的组成部分。

在4A级景区名单中，成都武侯祠博物馆、成都杜甫草堂博物馆、成都金沙遗址博物馆、望丛祠（郫都区博物馆）、四川建川博物馆、大邑刘氏庄园博物馆、广汉三星堆博物馆、自贡恐龙博物馆、平武报恩寺博物馆、江油李白纪念馆、广元皇泽寺博物馆、广元千佛崖博物馆、苍溪红军渡纪念馆、夕佳山民居博物馆、郭沫若故居纪念馆、武胜县宝箴塞博物馆、眉山三苏祠博物馆等，本身就是4A级景区；而东河口地震遗址公园、内江市大千园、张澜故里、陈毅故里、乐山乌木文化博览苑、巴中佛头山、古蔺太平古镇、石棉安顺场、青神县国际竹艺城等，则有青川地震博物馆、张大千纪念馆、张大千艺术博物馆、张澜故居纪念馆、陈毅故居纪念馆、乐山乌木博物馆、平昌刘伯坚纪念馆、古蔺太平渡纪念馆、红军强渡大渡河纪念馆、青神县竹编博物馆等作为重要依托。

在3A级景区名单中，有成都川菜博物馆、崇州罨画池、自贡盐业历史博物馆、中国彩灯博物馆、四川宋瓷博物馆、红四方面军总指挥部旧址博物馆、知识青年上山下乡西昌纪念馆等博物馆；成都龙泉国际标榜旅游区则有数个各种题材的标榜博物馆作为核心景点。

截至目前，四川全省39家国家三级以上博物馆中，有21家为4A级以上（含）旅游景区或位于4A级以上（含）旅游景区之中，占比约53%；有25家为3A级以上（含）旅游景区或位于3A级以上（含）旅游景区之中，占比约达64%。

表一　四川省国家三级以上博物馆与3A级以上（含）旅游景区对照表

博物馆名称	博物馆定级	景区定级
广汉三星堆博物馆	一级	AAAA
邓小平故居陈列馆	一级	AAAAA
自贡恐龙博物馆	一级	AAAA
成都武侯祠博物馆	一级	AAAA
成都杜甫草堂博物馆	一级	AAAA
成都金沙遗址博物馆	一级	AAAA
自贡市盐业历史博物馆	一级	AAA
四川宋瓷博物馆	二级	AAA
眉山三苏祠博物馆	二级	AAAA
新都扬升庵博物馆	二级	AAAA
朱德同志故居纪念馆	二级	AAAAA
成都华希昆虫博物馆	二级	AAAAA
四川省建川博物馆	三级	AAAA
凉山彝族奴隶社会博物馆	三级	AAAA
皇泽寺博物馆	三级	AAAA
大邑刘氏庄园博物馆	三级	AAAA
乐至县陈毅纪念馆	三级	AAAA
川陕革命根据地博物馆	三级	AAAA
红四方面军总指挥部旧址纪念馆	三级	AAA
内江市张大千纪念馆	三级	AAAA
成都川菜博物馆	三级	AAA
汶川县博物馆	三级	AAAAA
“5.12”汶川特大地震映秀震中纪念馆	三级	AAAAA
“5.12”汶川特大地震纪念馆	三级	AAAAA
川陕苏区将帅碑林纪念馆	三级	AAAA

除了已被评定为各级别旅游景区的博物馆外，未参加旅游景区评定的博物馆依然是旅游资源，其中一些不乏为重要的旅游目的地，对游客有着强大的吸引力，比如位于成都市的四川博物院、成都博物馆等。

分析观众的地域结构，可在一定程度上判断博物馆对游客的吸引力和影响力。以2018年四川地区的统计数据为例，四川博物院观众97万人次，其中外地观众67万人次，境外观众0.8万人次；成都博物馆观众208万人次，其中外地观众79万人次，境外观众0.6万人次；成都金沙遗址博物馆观众160万人次，其中外地观众66万人次，境外观众1.1万人次；广汉三星堆博物馆观众57万人次，其中外地观众35万人次，境外观众0.6万人次；建川博物馆观众171万人，其中外地观众100万人次，境外观众3.1万人次。从全省情况来看，全省博物馆接待观众7100万人次，外地观众4500万人次，境外观众120万人次。以上数据表明，四川有许多博物馆影响力突出，深受国内外游客的青睐，游客接待成绩显著。

（三）博物馆是高品质旅游的重要支撑

日益活跃的博物馆为大众提供了丰富多彩的高品质文化产品，正在成为高品质旅游的重要支撑。随着社会经济的发展以及人们文化素养的不断提高，人们外出旅游已不再满足于上车睡觉、下车照相，或是单纯地欣赏自然景观，了解各地的人文历史，更多地开展深度游、文化游、研学游已成为人们的共识。多样化、高质量发展的博物馆能极大地丰富旅游内容，提高旅游品质。在这一背景下，许多有着独特资源的博物馆，成为吸引众多游客外出旅游的重要动因和关键驱动力，成为不可或缺的重要目的地。如故宫博物院、陕西历史博物馆、秦始皇兵马俑博物馆、敦煌博物院等，常年都有大量游客慕名到访。戴昕等关注到国内外对博物馆旅游的研究并分析了博物馆与旅游的密切关系，指出博物馆反映着城市的过去、现在，甚至未来，不仅是国民历史文化教育机构，还是旅游者了解当地文化最合适的场所，是一种类型多样、高品位的旅游资源。他认为，博物馆旅游是近几十年来国内外逐渐兴起的一种新兴旅游形式，它使得旅游活动由一般的游览观光上升到高文化含量的游憩活动[5]。笔者十分赞同这一观点。

要准确分析博物馆做出的旅游经济贡献是一项十分复杂的工程，本文不做详细讨论。但按照前文数据，四川一年有4500万人次的外地游客参观博物馆，他们所产生的吃、住、行、游、购、娱的消费行为不容小视。此外，博物馆参观是需要花费较多时间的旅游项目。如果按照收听讲解的正常速度看完展览，四川博物院和成都博物馆均需要2个小时左右，成都武侯祠博物馆、成都杜甫草堂博物馆、成都金沙遗址博物馆、广汉三星堆博物馆均需要1个小时左右。

一些爱好者甚至会在一个博物馆停留半天甚至1天。参观博物馆，能在极大丰富旅游者参观体验的同时，增加停留时间和过夜几率，增加旅游经济贡献。一些收取门票的博物馆还直接创造了门票收入。根据全国文化文物统计信息系统中相关博物馆报送的数据，2016年全国博物馆门票收入共39亿元。近年来，一些博物馆加快推动文化创意产品开发。如故宫博物院文创产品年销售额达到了10亿元。为满足观众的购买需求，四川地区的四川博物院、成都博物馆、成都杜甫草堂博物馆、建川博物馆、宜宾市博物院等的文创产品开发也在不断更新，产品种类日渐丰富，经济效益也逐渐显现。

综上，博物馆是旅游景区中的一大类型，是旅游资源的重要组成部分，切切实实地推动着各地旅游业的发展。

二 博物馆旅游价值提升策略

在博物馆旅游价值挖掘与提升方面，诸多研究都有所涉及。比如有观点认为，博物馆要根据文化旅游新时代所带来的新变化，关注“新公众”，研究“新方法”，具备“新能力”，以此来提高博物馆公众服务的质量和范围[6]。也有观点认为，现代博物馆在发展旅游中要做好功能、宣传、解说、合作、延伸产品等5个方面的创新[7]。还有学者在个案分析的基础上，提出了要创新展览与互动体验、丰富节庆活动、积极开展与旅行社的合作发展博物馆旅游[8]。这些研究，对于指导博物馆旅游价值提升都有不错的借鉴意义。

如前文所述，旅游资源的核心就是对游客的吸引力。旅游价值提升，实质上是旅游资源对游客吸引力的增强。博物馆对游客的吸引力主要来自于自身的文物资源。所以，提升博物馆的游客吸引力，最重要的是充分挖掘文物资源的价值内涵，推动文物资源高效、优质的展示利用。这与博物馆一直以来坚持的专业化、现代化发展方向是完全吻合的，也与博物馆实现从主要关注“物”到更加关注“人”的转变，长期以来倡导的“以人为本”是相一致的[9]。因此，博物馆在文旅融合的时代并不需要做大的转型和调整，只需更加专注于专业化、现代化发展，扎实推进公共文化产品的供给以及服务水平的提高，即可实现其旅游品质的提升。

虽然如此，博物馆仍需要进一步强化“观众导向”“社会导向”和“服务导向”。比如有观点以博物馆观众调查的视角进行分析，认为我国博物馆在“以人为本”实践方面仍然存在较大问题[10]。这是比较中肯的。龚良先生认为“好的博物馆”的标准应该有以下几点：“藏品和展品资源丰富，包括展览在内的博物馆文化创意产品深受公众喜爱，服务公众的手段办法多样化，公共文化服务能力水平较高，且极具个性特色即差异性发展做得很好。”[11]与官方或者行业对博物馆全方位的专业化评估不同，笔者认为，这不仅是一个馆长从专业视角审视一个博物馆的好坏，更是站在观众的视角并以服务为导向对博物馆优劣提出的较为直观的评判标准。同时，按照旅游体验塑造的相关理论，博物馆还可参照差异性、参与性、真实性、挑战性的旅游体验塑造原则，增进博物馆旅游价值提升[12]。

基于以上分析，笔者拟从以下三个方面探讨博物馆推动旅游价值提升的策略，并引用国内相关案例作为参考。

（一）提供高质量文化产品

区别于其他的旅游资源，博物馆的核心竞争力在于展览服务，这既包括展览中文物（及标本等）自身的价值、魅力，也包括展览对文物的阐释、解读和表达。宋向光先生认为，博物馆要努力使展览内容的表述形成多种风格，使观众愿意看、看得懂、记得住，以更活泼生动的方式传达展陈的科学内涵[13]。

因此博物馆要尽量多地征集符合本馆入藏标准的各类藏品，不断丰富藏品体系；要细致整理并熟悉本馆的藏品，不断研究和挖掘文物的价值内涵；精心策划，确定精彩的展览主题、故事线、展品以及展品组合；站在观众立场并以专业化眼光考虑展览的内容与形式设计，合理增加一些互动性强的体验式和趣味化的环节，适当利用 AR、VR 和幻影成像等科技手段[14]。除了基本陈列外，高质量临时展览的不断推出也至关重要。除了直接引进的一些展览，有选择性地了解某一主题在全国或者世界范围内文物的分布，结合本馆实际借用一些展品共同策划临时展览也是当前的办展趋势。

成都博物馆不但基本陈列“花重锦官城——成都历史文化陈列”[15]具有极高水平，2016 年新馆开馆以来先后推出的“大千展”“丝绸之路展”“敦煌展”“秦蜀之路”“法国现当代艺术展”“俄罗斯彼得夏宫展”等一系列临时展览也质量上乘，大量顶级文物展品的引进一度引发成都观众热捧。山西省博物馆、湖北省博物馆、成都金沙遗址博物馆、苏州博物馆等采用“云观博”等 AR 展示，动态传播文物知识。南京博物院“数字博物馆”、故宫博物院“数字故宫体验展”等采用多种数字化科技手段表现历史文物，取得良好的互动体验效果。在展览的推动机制上，“策展人制度”[16]已在湖南省博物馆、广东省博物馆、成都博物馆等越来越多的博物馆开展探索，释放出巨大的创新活力，值得借鉴。

博物馆展览的专业化讲解是提升观众参观体验品质的重要组成部分。一方面，博物馆要有高素质的讲解员队伍，熟练掌握讲解技巧，有高水平的讲解能力，并且要有既科学准确，又通俗易懂，甚至针对不同人群个性化的讲解词[17]。另一方面，随着技术不断进步，博物馆还应采用简便易用的智能导览（自助导览），增加观众的选择权，并减轻讲解员人力资源投入的压力。秦始皇兵马俑博物馆、四川博物院、成都博物馆、广东海上丝绸之路博物馆等建设的“古猫”讲解系统，充分调动专家及优秀讲述人资源，提供个性化讲解选择，利用互联网方法传播并用手机进行收听，深受观众欢迎。此外，从 2018 年开始，成都博物馆、成都金沙遗址博物馆和成都武侯祠博物馆、成都杜甫草堂博物馆等开展“馆长讲解日”“策展人讲解日”等活动，丰富了讲解形态，提高了讲解层次。

除展览外，文化活动、教育（研学）活动、文创产品等也是博物馆向社会提供的重要文化产品。上海玻璃博物馆实施的“DIY 创意工作坊”“博物馆婚礼”等活动，以及为儿童专门设计的以“玻玻璃璃实验室”（7~10 岁）与“玻玻璃璃学园”（5~12 岁）为主打的儿童教育系列课程，深受青年人以及亲子家庭的欢迎[18]。四川博物院的“穿越到古代”、成都博物馆的“趣行成博”、成都杜甫草堂博物馆的“草堂一课”、成都金沙遗址博物馆的“传承文化·乐在金沙”、成都武侯祠博物馆的“大庙会国学小喜神”、自贡恐龙博物馆的“穿越侏罗纪·自贡恐龙博物馆不眠夜”、广汉三星堆博物馆的“趣味三星堆·探秘古蜀国”等逐渐成为当地有影响力的博物馆教育品牌[19]。近年春节期间，成都武侯祠博物馆的“成都大庙会”、成都金沙遗址博物馆的“金沙太阳节”、成都杜甫草堂博物馆的“诗圣文化节”逐渐成为社会公众在假期的休闲游览打卡地，社会效益极佳。

（二）打造让人愉悦的参观环境

除了展览等文化产品的供给，便捷的馆内外交通、舒适整洁的参观休憩环境、恰当的餐饮配套也是高品质博物馆游览的必要保障。有学者研究“博物馆疲劳”的相关因素，认为不合理的楼层高度和展览空间等建筑及设施，视觉环境、背景噪声、地板材料、空气质量、色彩运用等博物馆环境因素都能导致观众在博物馆参观时产生“博物馆疲劳”[20]。博物馆应努力营造让人愉悦的参观环境，尽量减少或避免观众“博物馆疲劳”的发生。

从观众与博物馆场馆发生关系的第一时间开始进行梳理。首先，观众进入博物馆应尽量便捷，减少拥堵。随着博物馆热的兴起，陕西历史博物馆、成都博物馆、苏州博物馆等重要博物馆在节假日期间、临展开幕期间往往都会排长队，有人手不足、安检速度过慢等原因，但很多时候是因展厅观众承载能力有限而采取限流措施造成的。博物馆采取搭建遮阳棚、喷水降温等措施在一定程度上可提高观众排队的舒适度。近年来，通过信息化系统建设，故宫博物院、敦煌博物院全面实现网络购票和预约参观，四川博物院、成都博物馆可持身份证直接入馆，这些方式极大地提升了观众入馆的便捷性。普通的收费博物馆以及大量中小博物馆一般都不会出现入馆排长队现象。但笔者认为，这些博物馆也需不断完善信息化系统，采用先进的门禁系统，这样既能提升便捷入馆的良好体验，还能起到积累观众大数据的重要作用。

馆内环境的营造，需要从空气污染物控制、温湿度控制、噪音控制、交通组织、光照环境、室内绿化、空间美化等各维度予以考量。与前述观众排长队类似，对于热门博物馆而言，最大的障碍在于展厅内观众量太大。特别是免费开放的国家级、省级博物馆，对外地游客的吸引力极强，展厅拥堵嘈杂的情况严重拉低了参观质量。笔者相信这一定不是博物馆的意愿，实属无可奈何。秦始皇帝陵博物院在景区最大承载量核定和实施中发现，博物院内重点区域的拥堵与最大承载量脱节，存在很大的安全隐患，同时限流措施可能引发的矛盾甚至骚乱等也让博物院顾虑重重[21]。除了前述博物馆网络预约参观机制的执行外，四川博物院、成都博物馆等执行了延时（夜间）开放机制，在新展开幕期间有效分流了部分观众，值得赞扬。此外，新展览“味道太大”也是一种十分普遍的现象。受展览周期限制，展览（特别是临时展览）布展一旦完成，往往就会立即开幕，再加上展厅内空气流通不畅，装饰装修材料中的污染物大量聚集得不到消散。出于文物保护的考虑，上海博物馆文物保护中心严格控制进入展厅的各种材料，有效抑制了展厅污染，让文物更加安全，观众更加健康。一些地方在发展博物馆时，重建设、轻管理，重初期工程投入、轻后期日常运营。由于地方财政对博物馆运行经费保障不足，一些博物馆为了省电不开空调、自动扶梯和部分照明灯光，严重影响服务质量。这种现象也提醒我们，地方博物馆建设，尤其是欠发达地区、贫困地区的博物馆建设，应因地制宜，合理适度，充分考虑开馆后的运营经费问题，并注重建筑节能、绿色环保等方面的要求，绝不能贪大求洋，不切实际。

观众服务设施建设与完善，是馆内环境营造中不可或缺的重要组成部分。座椅的设置要科学，展厅内的适当位置和展厅外的公共空间都应当有充足的座位供观众临时休息；合理配备自动扶梯、升降电梯和楼梯，合理组织交通流线；服务中心（咨询台）、饮水设施、文创商店、餐饮服务、寄存服务、停车服务等也要予以充分考虑。近年来，国家大力倡导的“厕所革命”是一项重要的设施完善工作，博物馆理应不折不扣的全面实施。原国家文物局副局长张柏在接受《中国旅游报》采访时谈到，“博物馆除了满足观众精神需求以外，还应该使博物馆变为一个新鲜的地方，不应该是一个很严肃的、喘不过来气的地方。应该让大家进博物馆以后感觉很轻松，比如说要买饮料有卖饮料的地方，要买纪念品有卖纪念品的地方，要吃饭有吃饭的地方，甚至还可以喝两口小酒。现在好多大的博物馆里都有一个餐饮部，很受欢迎。另外，展厅一定要有人休息的地方，放点椅子、放点沙发，大家看完展览可以坐那儿聊聊天、喝喝茶。”[22]

除了硬件设施的完善，“软性管理”也十分重要，它是确保服务质量的重要一环。博物馆是“服务行业”“窗口行业”，直接与公众打交道。博物馆人的一言一行都代表着博物馆的形象，体现着博物馆对待社会公众的态度。从讲解到咨询，从安保到物业，从科研人员到馆领导，不管是正式职工，还是聘用制员工，都需要热情、礼貌和专业。当然，提高服务质量也不仅仅是“服务意识”和“服务态度”的问题，而是要向“服务标准化”迈进。近年来，邢志远等开展了博物馆服务标准化问题研究，在“环境与安全”“服务设施与人员管理”“服务项目与内容”“服务管理与服务绩效评价”方面提出规范要求[23]。北京汽车博物馆立足本馆实际，制定了《北京汽车博物馆服务提供标准体系》和《北京汽车博物馆服务保障标准体系》，前者包括“参观服务”“科教文化服务”“餐饮服务”“购物服务”“会议服务”“运行管理服务”和“服务评价与改进标准”七大类标准以及26个规范细则，为精确指导博物馆服务工作提供了强大的制度保障和智力支持[24]。

（三）与社会公众建立的密切联系

公众是博物馆的服务对象。“以人为本”是博物馆工作的基本原则，让公众满意是博物馆工作的重要目标。博物馆的管理人应当站在观众的立场上考虑自己的工作，必须了解观众在想些什么？他们对博物馆还有什么要求？[25]博物馆陈列展览应充分关注社会公众意见和社会热点，让观众成为积极的展陈设计者、参与者和分享者[26]。李林认为，展览策划中引入观众评估方法，能够为展览策划者提供更可靠的参考信息，其最终的目的并不只是在展览策划中引入一种新方法，而是要促进博物馆建立起长期的公众参与机制，让更多的公众真正参与到博物馆的展览策划工作中来，以此实现博物馆与社会公众之间长期的互动与合作[27]。博物馆应尽量避免自娱自乐、自说自话和不切实际，要更加了解社会并融入社会[28]。

首先，博物馆应通过各种形式充分了解社会公众需求以指导工作开展。党的十八届三中全会审议通过的《中共中央关于全面深化改革若干重大问题的决定》对构建现代公共文化服务体系提出了明确要求，指出要“建立群众评价和反馈机制，推动文化惠民项目与群众文化需求有效对接”。Leon H.Ginsberg（美国）研究认为，“社会工作评估”是事关社会工作全局的核心，主要包括需求评估和满意度调查，前者的作用是判断是否要着手建立或改善特定的项目，后者的作用是判断服务的接受者对服务的评价[29]。博物馆服务同样如此，要从需求和满意度两个方面开展对公众的调查和了解。通过调查问卷、结构性访谈等形式，有计划地集中组织观众调查是博物馆了解社会公众需求和满意度的有效措施。设置留言簿让观众自由留言是博物馆普遍采用、十分简便可靠的了解观众的方法之一。但调研发现，许多博物馆并不重视观众留言。观众的意见和建议不能及时回应，留言簿的设置也就失去了应有的意义。成都金沙遗址博物馆、建川博物馆等就十分重视观众留言，他们为此建立了行之有效的观众留言查阅、处理、督查与回应机制，充分尊重并及时响应观众的意见和建议，并产生了积极的效果。利用物联网、移动互联网、云平台等现代信息技术，捕捉、积累并分析观众结构、参观行为等大数据，对于了解社会公众的参观习惯、偏好具有重要的意义[30]。

第二，重视宣传推广，维护良好的公众形象。除了与公共传媒的密切合作，目前博物馆大多重视微信、微博等自媒体的运营，并起到了良好效果。在微博上，凭借“小川川”“堆主”等孜孜不倦地推广，四川博物院、广汉三星堆博物馆吸纳了数十万乃至上百万粉丝，极大地提升了博物馆知名度。在微信方面，许多博物馆微信系统都集成了信息推送、预约门票、预约活动、语音讲解、互动留言和志愿者招募等功能，成为建设“智慧博物馆”[31]，打造“智慧服务”的重要支撑。强大的服务功能、精心的信息维护，对于树立博物馆良好形象起到了十分积极的作用。大众点评网等第三方平台也是反映博物馆热度的一项重要指标，好评率及评论留言往往会成为社会公众游览的重要参考。一些博物馆在第三方平台做了很好的宣传推广，获取了大量社会关注。

第三，重视志愿者组织和会员组织建设。建立志愿者组织是博物馆联系社会十分重要的手段，这既能弥补博物馆各方面工作的人手不足问题，也能通过志愿者的参与让博物馆了解普通公众对博物馆的看法和期待，促进博物馆社会共建与文化成果社会共享，促进文化民主[32]。《博物馆评估暂行标准》明确将博物馆建立会员组织纳入考核指标。“博物馆之友”等会员组织由来已久。对博物馆来说，会员制的回报在博物馆经营、人力资源管理以及观众行为等方面都有显著的体现，它不仅是一种营销手段，还是博物馆化被动为主动，增强与社会的联系，不断提升自我，提高竞争力的助推器。实行会员制是欧美国家博物馆的普遍做法，但我国许多博物馆建立的会员组织并不活跃。而中国丝绸博物馆探索并建立了较为完善的会员制度，在激励会员参与博物馆事务、支持博物馆工作方面起到了积极作用[33]。

结语

综上所述，作为参观游览场所，博物馆是对游客产生强烈“吸引力”的重要资源，并且具备体验旅游中“教育”“审美”“移情”“娱乐”“逃避”等多种类型特征。不论是理论分析，还是现实考察，博物馆都是极其重要的旅游资源，在推动高品质旅游发展、拉动旅游经济方面起到了积极的作用。在当今文化和旅游融合发展的大潮中，博物馆要继续保持专业化、现代化发展方向，并进一步强化其“观众导向”“社会导向”和“服务导向”，积极推动展览提升和环境改善，增强社会服务能力和知识传播能力，推进博物馆与社会公众之间的互动与合作，实现博物馆旅游价值的不断提高。

新时代、新挑战、新作为。笔者相信，博物馆在积极推动文化和旅游融合发展中，一定能发挥出更加突出的作用。

注释

[1] 徐菊凤、任心慧：《旅游资源与旅游吸引物：含义、关系及适用性分析》，《旅游学刊》2014年第7期。

[2] 丁福利：《强化公共服务——我国博物馆追求国际化与中国特色的双重呼唤》，《中原文物》2011年第2期。

[3][12] 邹统钎、吴丽云：《旅游体验的本质、类型与塑造原则》，《旅游科学》2013年第4期。

[4] 盛洁桦：《博物馆旅游的体验价值探析：旅游人类学的视角》，2013年12月11日《中国文物报》。

[5] 戴昕等《国外博物馆旅游研究进展及启示》，《旅游学刊》2007年第3期。

[6] 钱兆悦：《文旅融合下的博物馆公众服务：新理念、新方法》，《东南文化》2018年第3期。

[7] 湛珏颖：《现代博物馆旅游的发展策略》，《清远职业技术学院学报》2018年第4期。

[8] 王丽亚、姜惠梅：《博物馆休闲旅游功能开发探析——以山东博物馆为例》，《齐鲁艺苑》2017年第6期。

[9] 焦丽丹：《如何让馆藏文物"活起来"》，《中国博物馆》2015年第3期。

[10] 常雯岚：《刍论中国博物馆事业"以人为本"思想暨实践的深化和拓展——以博物馆观众调查为视角》，《西安文理学院学报》（社会科学版）2008年2月。

[11] 龚良、张蕾：《博物馆高质量发展：品质、效能与评估》，《东南文化》2019年第2期。

[13][26] 宋向光：《当代我国博物馆展陈发展现状及趋势》，《中国博物馆》2015年第3期。

[14] 李绚丽：《数字展示技术在博物馆展览中的应用》，《中国博物馆》2015年第2期。

[15] 李明斌：《论博物馆展览的内容设计——以成都博物馆新馆建设为例》，《中国博物馆》2015年第3期。

[16] 段晓明：《中国博物馆策展人制度本土化的历程与发展》，《东南文化》2018年第5期。

[17] 单霁翔：《提升博物馆讲解服务质量的思考》，《敦煌研究》2013年第6期。

[18] 上海玻璃博物馆《上海玻璃博物馆2018年年报》。

[19] 王琼主编《触摸我们的文化——博物馆青少年教育活动优秀案列》，人民日报出版社，2017年5月。

[20] 李天鹤、崔天兴：《"博物馆疲劳"因素分析研究综述》，《文博学刊》2018年第3期。

[21] 张岩：《博物馆景区最大承载量核定与实施之尴尬——以秦始皇帝陵博物院为例》，《文博》2017年第6期。

[22] 邢丽涛：《博物馆是可供旅游的文化场所》，2015年7月20日《中国旅游报》。

[23] 邢志远主编《博物馆公共文化服务标准化研究》，南京出版社，2018年9月。

[24] 弘博网、北京汽车博物馆：《博物馆服务标准化实践指南——以北京汽车博物馆为例》，天津大学出版社，2017年10月。

[25] 严建强：《博物馆与观众——介绍肯尼迪·赫德森的<博物馆社会史>》，《中国博物馆》1987年第1期。

[27] 李林：《博物馆展览观众评估研究》，2009年《复旦大学硕士学位论文》。

[28] 单霁翔：《博物馆的社会责任与社会发展》，《四川文物》2011年第1期。

[29]（美）Leon H.Ginsberg著，黄晨熹译：《社会工作评估——原理与方法》，华东理工大学出版社，2005年10月。

[30] 魏敏：《新媒体时代的博物馆展览——基于观众研究的分析与探索》，《东南文化》2013年第6期；仇岩：《大数据时代博物馆动态观众服务体系浅析》，《中国博物馆》2014年第4期。

[31] 宋新潮：《关于智慧博物馆体系建设的思考》，《中国博物馆》2015年第2期。

[32] 杨赛：《志愿者在博物馆中的角色——兼谈公共文化服务体系中的博物馆志愿者工作》，《博物馆公共文化服务标准化研究》，南京出版社，2018年9月。

[33] 程旻：《博物馆会员制度设计初探——以中国丝绸博物馆为例》，《博物馆研究》2018年第2期。

基层博物馆藏品征集工作探微

——以四川绵阳博物馆藏品征集实践为例

唐光孝　绵阳博物馆副研究馆员

摘　要：藏品征集，作为博物馆的一项基础工作，在一般的基层博物馆少有开展，或开展得相当不易。本文作者总结了十多年的藏品征集实践工作，以此为例，讨论了基层博物馆藏品征集主题的选择和征集方法等问题，分享了藏品征集实践中的几点感想，也提出了一些困惑，期待和大家共同探讨。

关键词：博物馆；藏品；征集实践；探讨

绵阳博物馆的藏品征集工作，始于2004年初，源于当时拟以实物、场景、图片、多媒体等形式和手段展示平武白马藏族与北川羌族的历史文化和民俗风情，但当时博物馆这方面的藏品几为空白，由此开始了建馆18年以来的第一次藏品征集工作。至2016年，我馆先后组织开展了目的、方式、对象、效果等均不相同的数次藏品征集实践，得失与疑惑兼具。这里略作梳理和总结，希望能为基层博物馆同道今后开展这项工作提供借鉴。

一　藏品征集实践

从2004年至2016年的13年间，绵阳博物馆组织开展过民族民俗、工业遗产、地震、老照片、婚书、书画、拓片、剪纸、年画、历史文物，以及矿石化石等类藏品的征集。下面，我将以时间先后为序，分别简单概述具体情况。

首次开展的藏品征集对象是民族民俗实物，具体工作可分两个时间段。第一个时间段是2004年春末至2005年初夏，断断续续近一年，征集区域集中在平武白马藏族乡和北川青片乡的村寨，征集反映白马藏族和北川羌族生产、生活、服饰、信仰、建筑等方面的藏品300余件，当时还拆走一座白马藏族“板屋土墙”的传统建筑，拟在博物馆复原陈列。第二阶段从2012年至2014年，主要在阿坝州的茂县、理县、汶川等羌族聚居区征集民俗实物近800件，拍摄了大量关于人文风情与自然风貌的实地照片，形成反映羌族自然生态、生计模式、生活状况、建筑风格、交通方式、休闲娱乐、节庆婚丧和宗教信仰等的藏品体系。

第二次的藏品征集对象是绵阳的工业遗产。计划较为详实，但结果颇不理想。从 2005 年至 2006 年初，仅仅征集到几十件长虹电子集团早年生产的电视机。后由于博物馆功能调整为科技馆，管理主体改变，工业遗产的征集工作无疾而终。

第三次藏品征集工作就是震惊世界的“5.12”汶川特大地震资料，涉及灾难、救援、重建等整个过程，实物和图片资料主要集中在绵阳市境，报刊、图书等资料涵盖全国各地，包括港澳台的宣传报道与研究论著等。我们对“5.12”地震资料的征集工作，特别是报刊和图书资料的征集差不多延续到 2012 年，征集实物资料上万件（套）。

其后，绵阳博物馆的藏品征集工作已成常态，并制定了《藏品征集管理办法》，扩大了藏品征集的范围和种类。范围不再限于绵阳，而是延伸到整个四川，乃至省外；种类扩大到文物、婚书、书画、老照片、建筑构件与家具、拓片、剪纸、年画，以及矿石化石、动植物标本等。

历史文物的征集工作始于 2011 年，到 2016 年博物馆共征集边缘画像砖、驿道石板、陶瓷器、建筑构件与家具等汉至明清与民国时期的文物 1500 多件。其中，汉砖约 600 件，建筑构件与家具 500 多件，驿道石板 200 余件，其余主要是明清青花瓷器等。汉代边缘画像砖来自于市内一位老教师自 1970 年代开始在潼江两岸 40 多年的收集，驿道石板是 2014 年从绵阳涪城、游仙原古驿道附近的荒山野林之中收集的，有的中间有车辙凹槽，或有踩踏光滑、磨损凹陷痕迹，充满历史的印记和沧桑。陶瓷器，主要是瓷器，大部分是明清和民国时期的青花瓷，既有来自古玩市场的个人早年收藏，也有出自文物商店的藏品。

婚书征集于 2012 年至 2015 年间，计 330 多件（套），大部分征集于绵阳本地的一位市民，10 余件征集于绵阳古玩市场。这些婚书来源于全国各地，其中四川和重庆居多，时代上至晚清民国，下至现代，包括结婚、离婚证书和相关婚姻资料等。

2013 年征集老照片 1008 幅，均为绵阳一位摄影爱好者的个人收藏。拍摄时间从 20 世纪 70 年代末至 2000 年前，摄影地区主要在绵阳和各个区县、部分乡镇，也有少量来自老绵阳地区的市县，如射洪、剑阁、德阳、中江等地。照片内容多反映明清至民国时期的城镇风貌与人文风俗等，也有反映 1949 年至 2000 年间极具时代特色的街区和风物的照片。老照片因为数量较大，仅仅征集了使用权，且这些老照片只能用于各种公益性展览、宣传和研究等。

建筑构件与家具征集时间为 2015 年至 2016 年，主要征集对象为绵阳的多位藏家，征集品都是明清和民国时期建筑上的门头、门簪、雀替、斗拱、柁墩、撑弓、绦环板、雕花门窗、带字格子窗、瓜柱、基座、匾额、彩绘横梁等构件，壁瓶、洗面盆椅、圆凳、茶几、屏风、供桌、神柜、床沿飞罩、雕花床、雕花挡板及角花等室内家具与陈设，种类繁多。本土老物件较为素朴，雕刻相对简单；来自外地的则雕饰繁复精细，更具有展示效果和观赏性。

另外，还征集书画、剪纸、年画、拓片和本地特色矿石化石标本等藏品200余件。

绵阳征集的这些藏品，除万余件地震文物资料移交北川“5.12”地震纪念馆外，尚有3160余件文物或实物与1008幅老照片，极大丰富了绵阳博物馆的馆藏体系和数量，为未来的藏品征集方向和陈列展览奠定了初步基础。

二　征集主题的选择

回顾、总结绵阳10多年藏品征集之路，发现征集的藏品类别达到10余种，总量近15000件（套），颇见成效。这里，我将再集中讨论为什么要征集这些藏品，以及我们又是怎样开展藏品征集工作的。

虽然藏品征集工作是博物馆的一项基本业务职能，但各个博物馆征集的目的与出发点，即征集的主题还是需要多方研讨。绵阳博物馆多年的藏品征集目的和出发点可以归纳为当下陈列展览需要、收藏重大历史事件、为未来储备资源三个方面。我们的整个藏品征集工作就始于当时陈列展览的需要。

陈列展览需要的藏品征集，一是源于2003年建成的博物馆陈列展览需要，即绵阳羌藏民族民俗实物与工业遗产的征集工作。当时，我馆确定了以表现绵阳北川羌族与平武白马藏族为主题的《绵阳民族风情陈列》和以表现绵阳现代科技与工业成就为主题的《绵阳现代科技之路陈列》。由于现有馆藏缺乏这方面的文物或实物，而这些又是陈展不可或缺的主角，须全面征集。二是源于2016年建成的新馆历史文化、摇钱树、汉马与自然等陈列展览主题的需要。这座新馆起建于2009年，在确定陈列主题和完成内容设计初稿后即随之启动相关展品的征集工作。在2011~2016年间征集到的画像砖、驿道石板、瓷器、建筑构件以及拓片、剪纸、年画等藏品，部分已陈列于相关展览中，成为展览必要的补充或辅助，在整个陈展中处于配角地位。征集的矿石化石标本在《绵阳自然生态陈列》中则扮演了主要角色。

收藏与重大历史事件相关的藏品，主要指的是2008年“5.12”汶川特大地震实物与相关资料。由于思考早、动作快，最早报道“5.12”地震的各地报刊和见证绵阳地震灾难的第一手实物资料的征集全面且丰富，而且坚持数年之久；见证灾后重建过程的实物资料也被广泛征集，因此总体数量较大。地震之初，国家尚未明确保留何处地震遗址遗迹及在何地建设地震纪念馆，我们即开始思考绵阳作为地震极重灾区，应该在博物馆专题陈列反映、纪念这次重大自然灾害和历史事件的可能性。因此，我们很快草成《“5.12”地震陈列》框架，内容包括灾难、救援和重建等方面。

为未来收藏，严格讲来，应该是博物馆的基本认识和日常功课，但囿于各种主客观原因，市县级这样的基层博物馆大多难以实施。“5.12”地震后，绵阳博物馆开始思考这个问题。1996年以来，绵阳再也没有重大考古发现，零星出土的文物数量稀少，而且多与现有馆藏文物雷同，难见新品新意。2009年7月，绵阳确定异地重建博物馆后，对馆藏文物又做了全面梳理，发现馆藏文物时代与种类上的空白和缺环，数量较大的文物类别则又缺乏精品等问题。如夏商周时期的文物以及古代金器、玉器、画像砖等文物几乎空白；明清石刻，特别是清代石刻数量较多，但缺乏隋唐及以前的石刻。绵阳拥有四川最早的瓷器，即西汉中期的原始青瓷，且从东汉六朝到唐宋明清各个时代的瓷器绵延不断，种类丰富，数量众多，但体量大、观赏性强的典型器则是凤毛麟角。

“5.12”地震后，我们多次到阿坝灾区考察，发现茂县、理县、汶川等地的羌族传统文化保存较多，状况较好，特别在交通不便的高山尚存较为原生态的民族风貌。但是，随着灾后重建工作如火如荼的开展，我们常常亲见传统村寨和民居不断消失，甚感紧张和痛心。多年前，我们曾调查过北川羌族的民族民俗，征集了一批民俗实物，对羌族传统文化有一定的了解、认识和初步研究。基于这些思考、认识和实践，我们制定了《藏品征集管理办法》，规划藏品征集长期目标，编制详细的征集方案，作为为未来征集藏品工作的指导和依据。

经过五年的征集实践，至2016年，拟征集藏品种类多数收获甚微，有的甚至没有任何突破，如夏商周三代文物与金器、玉器、宗教石刻等。但瓷器、汉画像砖、羌族民族民俗实物、建筑构件与老家具、老照片、婚书等类别却取得了不俗的战果，有的已基本形成系列，如羌族民族民俗实物；有的独具特色，如近现代婚书。虽然不算圆满，但我们还是收获了值得总结的经验和思考的问题。

三　藏品征集方法

1986年立馆伊始至2003年，绵阳博物馆藏品主要来自考古发现，以及少许打击犯罪活动中的移交文物，藏品的征集工作却没有主动开展过。所以，确定征集主题和对象后，怎样开展藏品征集工作就成为摆在我们面前的首要问题。

今天，回首十多年藏品征集实践，过程依然历历在目。馆藏文物的丰富与个人见识的增长令人难以忘怀，我认为这些都值得重新审视和总结。还有，当年制定的《藏品征集管理办法》虽有一些政策、法规与时代上的局限，但还是可以继续完善和推广的。下面，本人不揣冒昧，重点以民族民俗实物和地震实物资料的征集为例，对藏品征集方法略陈三点体会。

首先说说一般藏品的征集。一般藏品征集指时间上不是非常紧迫的征集，征集可以按照三步走的方法操作。第一步，收集有关研究成果，请教相关专家，掌握拟征集主题和对象在学术层面的研究和认知状况。我们民族民俗实物征集的前期工作就是如此。当时，征集主题确定后，我们在四川大学、四川省民族研究所，以及北川、茂县、汶川、理县、松潘与平武等地查阅了大量研究羌族和白马藏族历史、民俗等方面的论著，收集了相关研究成果，包括各县的地方志，并反复研读、学习。同时拜访专家，如著名的民族民俗专家李绍明先生，以及各市县专事民族民俗文化研究的老先生和相关文物研究的同道，真诚咨询，虚心讨教。完成这些扎实的基础工作后，我们基本掌握了羌族与白马藏族历史和传统文化的研究情况，以及核心聚居区的范围和保存状况等，为实地调查确定了具体目标，包括拟调查区域、内容及较为敏感的民族问题等。

第二步，开展实地调研和考察，了解拟征集对象的现存面貌和状况，形成调查报告与征集方案。2004 年，断断续续两个多月时间，我们走遍了北川青片羌族和平武白马藏族的典型山寨。2008 年地震后，多次调查阿坝州典型的羌族村寨和羌藏交错的民族村落。有的羌寨山高路远，宛似世外桃源，如无翻译，彼此尚难以交流。灾后重建前，高山上的民族村落，包括羌族和藏族村落，多不通公路，交通运输多靠人力肩挑、畜力背驮，落后艰难，但民族传统文化却保存较好。领略到独具味道的民风民俗，大家都感悟颇深。因此，调研报告真实生动，征集方案多中肯綮。其实，征集历史文物前对馆藏文物状况的全面梳理，征集老照片、建筑构件前对灾后重建带来的经济、社会和文化方面的巨变的分析与研判，都是因时制宜的一种调研和考察活动。

第三步，落实征集经费，实施藏品征集。前后七年时间，我们共得到各级财政五六百万元经费的支持，这对于地处西部地区的绵阳博物馆来说，甚为难得！因此，开展数年之久的民族民俗实物征集较为全面、丰富，特别是羌族民族民俗实物几成系列，可以全方位、立体化展示羌民族近现代的民族风貌和传统文化。历史文物，如汉砖、瓷器、建筑构件和其他实物，也极大地补充了现有馆藏的空白和缺环。

其实，在经费落实或可能落实的前提下，第二步和第三步工作最好能同步实施，这样可以节约一定的时间、人力和经费等成本。

第二点体会，对于重大的突发性事件的相关物证可能稍纵即逝，或容易快速改变状况，这就要求我们不能拘泥于按部就班的征集模式，应该调查、研究和征集工作齐头并进，可理解为抢救性征集。“5.12”地震实物资料征集工作就是如此。当时，我们首先开展灾区考察与见证物的征集，同步开展相关资料收集和研究，编制征集方案，几乎是三步并作一步走。征集方案在征集实践过程中，根据新资料、新情况和新成果不断修改、调整和完善，整个工作一直持续到 2012 年才全部结束。所以，绵阳博物馆征集的“5.12”地震实物资料，几乎可以全面反映绵阳地区地震灾难、救援、重建和发展新貌全过程，殊为难得和不易。

第三点体会，编制尽可能科学、完善，且不违反国家政策和法规的藏品征集管理办法。科学是指与本地区的自然、历史和现实背景相符，完善主要是指与本馆的性质、定位和现有藏品的状况相应，同时必须具备可操作性。

绵阳博物馆《藏品征集管理办法》的酝酿、草拟、讨论和征求意见的过程经历了两年多时间，其间还参阅了一些大馆，包括台北故宫博物院的藏品征集管理办法。作为西部地区一个基层博物馆，大馆的藏品征集路数难以复制。所以，我们根据《文物保护法》《四川省文物保护管理条例》和《博物馆藏品管理办法》等法律法规，结合本馆的性质与定位、经费与馆藏状况、绵阳自然与历史特点等，编制了具有一定可操作性的《藏品征集管理办法》，且报经市财政和文化行政主管部门认可后，在 2013 年开始试行。

四　藏品征集的感悟与困惑

今天，通过梳理和思考十多年的藏品征集工作，笔者颇有一些感悟值得分享，也有一些困惑待解。下面我们以此继续交流、探讨。

感悟方面有以下两点值得交流和分享。一是藏品征集首先必须着眼于长远，要为博物馆的未来发展征集和收藏独具特色和体系完整的藏品类型。我们基层博物馆藏品总量一般都不多，且来源较为单一，多以考古发现为主，近来呈逐年减少的趋势，因此加强谋未来的藏品征集工作就显得尤为重要。宜宾博物院这两年实施的“社会发展变迁见证物”藏品征集项目，据负责人介绍，已经征集了很多见证近几十年社会剧烈变迁的各种物件，且征集工作还在持续开展。坚持下去，可成体系，自成特色。绵阳博物馆在 2012 年第二次开展的羌族民族民俗实物征集、2013 年开始的婚书征集等项目，都是基于具特色、成系列、为将来实施的藏品征集实践。二是确定藏品征集的主题和具体目标，不仅需要决策人具有洞察时势和社会变迁的战略眼光，同时还需要项目实施者具有深入调查、脚踏实地、坚持不懈的工作作风，吃苦耐劳的精神和毅力。确定征集绵阳羌藏民族民俗和现代工业遗产实物资料都是独具慧眼的智者之举，最终结果却大相径庭，前者大致圆满，后者几乎未竟。绵阳和阿坝的羌藏民族大多居于高半山，特别是羌族号称“云朵上的民族”。“5.12”地震灾后重建之前，这些地方的交通大多极为不便，不少村寨甚至不通公路，但我们依然爬山涉险，克服生活、习俗等方面的不便与困难，坚持数年之久，实地考察了绝大多数典型的羌族村寨以及平武白马藏族山寨，征集到丰富的民族风味浓郁而独特的实物资料。

检讨绵阳现代工业遗产实物资料征集最终无果的问题，有主客观两方面的原因。主观原因是，决定和实施这个征集项目的时间略迟，困难没有竭力克服。绵阳最为重要的现代工业遗产多涉及军工和保密问题，征集人员仅仅试探性的做了一些协调工作就遇难而退，从而丧失了征集我国独一无二的工业（科技）遗产实物的机会，即某科研机构淘汰的20世纪70至90年代系列计算机与相关实物，包括著名的银河系列巨型计算机。至今我们仍引以为憾。20世纪90年代，在我国电视机市场独领风骚的长虹电视，以及七八十年代的工业遗产，如各种机床、首条黑白电视机与彩电生产线在我们决定征集之前就被处理殆尽。客观原因：一是绵阳工业（科技）遗产军工与涉密产品较多；二是在2006年，博物馆功能调整，人员逐渐淡出，对工业遗产的征集工作就顺势而止。2016年，绵阳成立了以市委主要领导牵头的工业遗产保护机构，各区、市、县先后公布了一批工业遗产，加强历史建筑保护，开展实物与相关资料的征集，并取得了一定的成效和影响。

在征集实践中也有不少困惑，其中有两点需要探讨。一是私人藏家手中的出土文物怎么征集，二是闲暇时在古玩市场偶遇可以收藏的东西怎么征集的问题。关于第一个困惑，其实国家有明确规定，就是国有文博机构严禁征集和收藏民间的出土文物，否则就有鼓励盗墓或销赃之嫌。我们曾经遇到这样一个事，一位老教师从20世纪70年代开始一直在县境收集汉晋边缘画像砖，数量达六百多匹，很有特色。当时蜗居在筒子楼内的老人困苦多病，希望能够出售这批画像砖，换回早期投入资金治病。几经斟酌，我们认为老人几十年坚持收集散落乡间的文物，其实是民间人士保护文物的一种自发行为。最后，我们以变通的方式征集了这批画像砖。不久，老人因病过世。因为征集及时，这批文物最终没有流散到市场。古玩市场，不时眼见有人销售疑似出土文物的物件，征集违法，打击又证据乏力，这种两难的问题还有待探讨。

绵阳有一个比较成熟的古玩市场，每周六定时开市，来自全国各地的古玩爱好者熙熙攘攘，热闹非凡。由于近便，本人经常在此闲逛，偶尔发现一些如明清或近现代的瓷器、建筑小构件或婚书等。因都属于本馆正在征集的特色藏品范畴且价格不贵，刚开始本人都会顺手购买，再交单位处理，但在入库和报账时却让人犯难：一是个人征集不合规，二是价格和手续无规可依。进退无据，甚感尴尬。处理两三次后，再在古玩市场发现类似之物，为了不给相关人员添麻烦，也怕引起更多误会，也为了免致外流，我就只能买来自己收藏了。至今，已有几百件建筑小构件和1949年以来的多种荣誉证书在手，深感收藏之乐。

不过，这不是解决问题的根本办法，也解决不了根本问题。在此提出征集实践中的两个小问题，希望能与同道共同探讨，力争为我们基层博物馆探索出一条合法合规、合情合理的藏品征集之路。

明末农民政权官印“階州之印”考

黄家祥　四川省文物考古研究院研究馆员

摘　要： 2018年6月8日，四川省文物局、四川省文物鉴定站组织专家前往宜宾市博物院对馆藏文物进行鉴定。在对青铜器等进行鉴定的过程中，见到本馆旧藏明代官印一方，印文为九叠篆阳文“階州之印”四字。此印是馆藏三级文物。階州是今甘肃省陇南市所辖区域，包括武都、文县，成县、康县、宕昌等区县，地处秦巴山区，位于甘、陕、川三省交界处。《明史·李自成传》记载，李自成农民起义军在1636年就将这一区域纳入其势力范围，“階州之印”即为李自成农民政权所颁官印。这方官印为研究明末农民起义政权颁造官印及其印章制度提供了重要的实物史料。

关键词： 階州；明末；农民政权；官印

近期，笔者在参加宜宾市博物院馆藏文物鉴定时见到一方明代官印，此印是馆藏三级文物（图一、二）。铜印为方形，边长7.2×7.2厘米，通高10厘米。椭圆形柱钮。印面平滑，宽边框。印文2行，每行2字，九叠篆阳文“階州之印”4字，铸、刻制。印台背面上部用楷书横行錾刻白文3字，从右往左读为“禮曹造”；印钮右侧面錾刻“階州之印”4字；纽左面竖列凿刻白文1行6字：“□□年二月　日”；印台左侧边刻10字，即“天字二千三百八十八号”。

階州，秦时属武都郡，西魏至唐在今甘肃武都一带有武州。唐景福元年（892）武州更名为阶州。阶州州治设于兰皋镇，古称大兰驿，今称大南峪，隶属甘肃省陇南市康县下辖乡。南宋，约1142年，阶州属利州西路。元代，约1260年，阶州属陕西行省。明洪武四年（1371年），阶州治所由兰皋镇（旧城山）移至武都砖城（即今武都区政府驻地）。清朝，阶州隶属甘肃。雍正七年（1729年），阶州升为直隶州，隶属于甘肃布政使司，领文、成二县。民国2年（1913年），阶州直隶州改为武都县。故階州，今甘肃陇南市，包括武都和宕昌、文县、康县、成县、徽县、礼县、西和、两当一带。地处秦巴山区，位于甘、陕、川三省交界处。

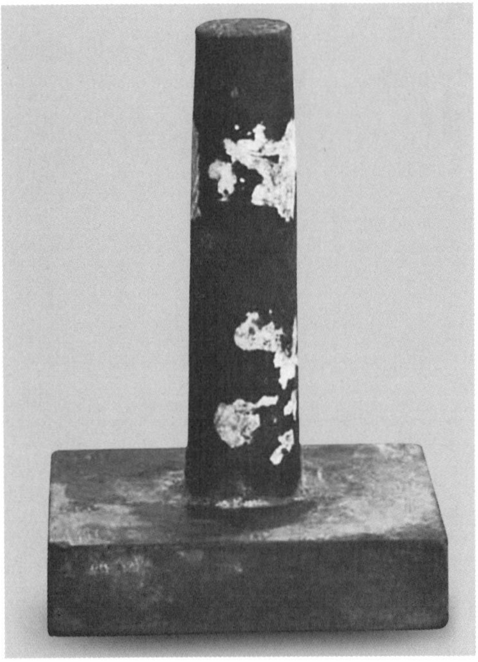

图一　阶州之印

图二　“阶州之印”印文

这方官印的所有特征均表明此印为明朝时期的官印无疑。明朝官印包括朝廷官方铸印机构礼部铸造、由朝廷所颁官印和明末主要的农民起义政权铸制、所颁官印。明末农民起义政权铸制、所颁官印即张献忠大西农民政权与李自成大顺政权所铸制、颁发的官印。“阶州之印”，它是属于明朝廷所颁官印还是明末农民起义政权铸制官印？即张献忠大西政权铸制还是李自成大顺政权铸制？这些从印面印文字体、边框以及印纽等规制特点上很难区分。因此，印台背面所刻铸制机构、年款与印章编号提供的信息就很值得讨论。“礼曹造”3字是为铸制官印的官署机构名称。“礼曹”即礼部，南北朝时北周始设，隋唐以来的六部之一，宋元明历代相承传。明朝廷官印、张献忠大西政权官印均有“礼部造”刻款，表明其官印的铸制机构名称是“礼部”，非“礼曹”；李自成大顺政权有“礼政府造”刻款和没有铸制机构刻款的官印两种。因此，从专设的官署铸印机构观察，这方为“礼曹造”名称的铸印机构所铸造的铜印与明代朝廷、张献忠大西政权“礼部造”的铸印机构名称不符，与李自成大顺政权的“礼政府造”铸印机构亦有区别。这方官印背刻“礼曹造”位于印台背上面横行排列，自右往左读。与现有明朝廷官印和大西政权官印印台背钮左面刻竖行“礼部造”不同，与大顺农民政权官印钮左面竖行刻“癸未年造”“永昌年造”“礼政府造”也不一致[1]。

再看“阶州之印”钮左面年号刻款。这方印钮左面竖列刻款“□□年二月　日”，前二字剥蚀，字迹不清，不能辨认。笔者与同时观察此印的鉴定同行从字体大小、剥蚀面积判断，剥蚀不清的字迹应是2个文字。

明代朝廷官印年款完整刻款模式：印台背刻印文、铸造机构和铸造时间，印台边刻印章编号，即某字××号。明后期印章编号不纯用千字文，或用当朝皇帝元号。年号刻款是当朝皇帝年号×××年。如：“朵颜卫指挥使司之印”，印台背刻“朵颜卫指挥使司之印”印文，“礼部造”铸造机构和“洪武廿二年五月”制作时间；“秃都河卫指挥使司印”，印台背刻“秃都河卫指挥使司印”印文，“礼部造”铸造机构和“永乐六年正月　日”制作时间；“禾屯吉卫指挥使司印”，印台背刻“禾屯吉卫指挥使司印”印文，“礼部造”铸造机构和“永乐七年九月　日”制作时间。以上内容均作竖行排列[2]。

目前已知的十四方大西农民政权所颁官印中，只有“西王之宝”玉印一方无刻款，其他十三方官印的刻款模式与明朝廷官印刻款一致，只是年号款和编号的第一个字分别使用“大顺”年号和“大”字。如“西充县印”印台背刻“大顺元年八月　日”[3]；“蓬州之印”印台背刻“大顺二年三月　日”[4]。其刻款亦是数列排列（表一）。

表一　明末大西农民政权官印统计表

印文	印面尺寸（厘米）	通高（厘米）	印台背款	左边款	出土地与现藏地	备注
商巴长官司印	7.4×9.2	9.2	商巴长官司印 礼部造 大顺二年正月　日	大字五百九十七号	松潘县档案馆	《四川省第一次全国可移动文物普查成果纪实》
援剿营总兵官关防	10.6×7.3	9.6	援剿营总兵官关防 礼部造 大顺二年十二月　日	大字一千二百四号	甘孜州民族博物馆	《四川省第一次全国可移动文物普查成果纪实》
离八寺长官司印	7.2×7.2	9.6	离八寺长官司印 礼部造 大顺二年正月　日	大字六百六十二号	四川博物院	《四川博物院第一次全国可移动文物普查成果选编》
南郑县印	7.2×7.2	厚1.4	南郑县印 礼部造 大顺二年正月　日	大字六百八十三号	四川博物院	王平贞：《大西农民革命政权三方铜印》，《文物》1974年第6期
潼川府经历司印	7.1×7.1	印柄凿去	潼川府经历司印 礼部造 大顺二年九月　日	大字一千二百二十四号	四川博物院	王平贞：《大西农民革命政权三方铜印》，《文物》1974年第6期

续表

印文	印面尺寸（厘米）	通高（厘米）	印台背款	左边款	出土地与现藏地	备注
芦山县印	方形	柄长 6.9	芦山县印 礼部造 大顺二年三月　日	大字九百三十三号	不明	罗振玉《隋唐以来官印集存》影印本 1914 年
西充县印	方形	柄长 6.9	西充县印 礼部造 大顺元年八月　日	大字五十一号	不明	罗振玉《隋唐以来官印集存》影印本 1914 年
西充县练兵守备关防	8.8.1×5.5		西充县练兵守备关防 礼部造 大顺元年八月　日	大字八百七十八号	不明	罗振玉《隋唐以来官印集存》影印本 1914 年
蓬州之印	长 7.6	厚 1.7	蓬州之印 礼部造 大顺二年三月　日	大字五十二号	苍溪县文管所	王峻峰:《苍溪出土唐代官印》,《四川文物》1988 年第 6 期
蓬州儒学记	8×5	8.3	蓬州儒学记 礼部造 大顺元年十一月　日	大字三百八十七号	苍溪县文管所	王峻峰:《苍溪出土唐代官印》,《四川文物》1988 年第 6 期
南川医学记	7.8×4		南川医学记 礼部造 大顺二年四月　日	学字三百三十一号	重庆中国三峡博物馆	和中浚、吴鸿洲《中华医学文物图集》第 69 页
都纲之印	6.3×6.3		都纲之印 礼部造 大顺元年十二月　日	大字五百二十二号	不明	罗振玉《隋唐以来官印集存》影印本 1914 年
骁右营总兵关防	10×6.8		骁右营总兵关防 礼部造 大顺二年五月　日	大字九百五十三号	国家博物馆	罗振玉《隋唐以来官印集存》影印本 1914 年
西王之宝			西王之宝		国家博物馆	吴镜如、史树青:《谈有关农民战争的文物》,《文物》1961 年第 7 期

以上十四方印的材质除“西王之宝”是玉石材质外，其余均为铜质印。

大顺农民政权官印目前所知有用“干支”年号和“永昌”年号两种，使用干支年款如:“辽州之契”印台背刻“癸未年十二月　日造”,“汲县之契”印台背刻“癸未年十二月　日造”，虎妞“永昌大元帅印”印台背刻“癸未年仲冬吉日造”,“工政府屯田清吏司契”印台背刻“永昌元年二月　日造”[5]。据以上可知，大顺农民政权官印年号刻款用“永昌”建元年号的是“永昌 × 年”，用干支纪年直接是“癸未年”。

“階州之印”印钮左刻款为“□□年二月　日”年号刻款，前二字剥蚀，字迹不清。通过与明朝廷官印所刻年号款、大西农民政权官印年号刻款“×××年”和大顺农民政权官印年号刻款“××年”比对，“階州之印”印钮左刻款“□□年二月　日”年号刻款，与大顺农民政权官印中用干支“癸未”纪年的官印更为接近。不仅如此，“階州之印”的编号亦是使用千字文“天”字作为开头，即“天字二千三百八十八号”这类官印编号不见于大西农民政权官印编号，只见于明朝廷官印和大顺农民政权官印。明朝铸制官印的机构，在印台背竖列凿刻“礼部造”字样，现已公布的大西农民农民政权所颁铜印的铸造机构亦承袭明朝廷铸印机构，在印台背刻“礼部造”铭文，与“階州之印”印背横排凿刻“礼曹造”不同。因此这方铜印是明朝廷所铸制的官印可能性不大。已有大顺农民政权官印资料表明，大顺农民政权官印铸制机构“礼政府”是在建元“永昌”后才有的铸制机构，即使刻有“永昌”年号的部分官印也没有凿刻铸制结构。这反映了大顺政权建元前夕、建元初期和建元后政权机构的动荡和社会的不稳定。据《明史·李自成传》记载，崇祯九年（1636年），“秋七月，擒迎祥于盩厔，献俘阙下，磔死。于是贼党乃共推自成为闯王矣。是月，犯階、徽。未几，出■、陇，犯凤翔，渡渭河。”在高迎祥被俘杀后，自成被推为闯王。领众“以走致敌”，采取声东击西、避实击虚的战法，连下阶州（今甘肃武都）、陇州（今陕西陇县）和宁羌（今宁强）。旋兵分三路入川，于昭化（今广元西南）、剑州（今剑阁）和绵州（今绵阳）屡败明军，击杀明总兵侯良柱。此段记载说明，在崇祯九年（1636年）階州已是李自成的农民起义的领地了。在李自成大顺农民军统领辖地内，给其统领管辖的地方颁发其政权官印是顺理成章的事。崇祯九年（1636年）干支纪年是“丙子”年，这一年李自成领导的农民政权已将“階州”攻占。目前在已发现的李自成领导的大顺农民政权官印中，最早的就是有“癸未”干支纪年款的“永昌大元帅印”金印以及“辽州之契”铜印等。这方“階州之印”铜印是否是崇祯九年（丙子年）李自成领导的农民军攻占階州后立即铸制、颁发的，现有资料不能确定。但可以推断的是，“階州之印”铜印铸造和颁发的时间上限不会早于明崇祯九年（1636年，丙子年二月）。鉴于“階州之印”的印文字体、边栏等特征与明代朝廷所铸制、颁发的官印有较多相似之处，加之这方铜印使用“印”字入印，表明：“階州之印”铸造、颁发的年代下限不会晚于錾刻有“癸未仲冬吉日造”年款的“永昌大元帅印”。

《小腆纪年·附考四》载：“崇祯十七年正月，李自成正式建立政权，国号大顺，建元永昌，以西安为西京，并建置官吏，改六部为六政府，改印曰符、曰券、曰契、曰章凡此四等，受职者给小票向礼部领契。”这段记载明确规定：

崇祯十七年开始不能在铸制官印中用“印”字入印。因此“阶州之印”应是李自成建立大顺政权、建元“永昌”年号之前铸造、颁发。“阶州之印”印台背刻“□□年二月　日”年号刻款，剥蚀漫漶的“□□年”前二字，如果从李自成于明崇祯九年（1636年，丙子年）秋七月占领阶州至明十六年（1643年，癸未年十一月）这一时间段内，经历有丙子、丁丑、戊寅、已卯、庚辰、辛巳、壬午、癸未八个干支纪年。故“阶州之印”铸造、颁发当在此时间段内，印台背“□□年二月　日”刻年款的“年”前漫漶的干支纪年的年号有可能是“癸未”二字，现鋆刻有“癸未年”款的李自成大顺农民政权官印亦可佐证。目前已公布的大顺农民政权官印带干支纪年最早的就是“癸未年十一月仲冬吉日造”的虎钮永昌大元帅金印，“丙子（1636年）”至“癸未十一月（1643年）”（不包括十一月）间的大顺农民政权铸、颁官印没有发现或公布。“阶州之印”如果是“‘癸未’年二月　日”铸制的，那么据现存李自成大顺农民政权官印资料可知，属“癸未年”造的官印应有四方，即“永昌大元帅”金印，“癸未年仲冬吉日造”；“辽州之契”铜印，“癸未年十二月　日造”；“汲县之契”铜印，“癸未年十二月　日造”；“阶州之印”铜印，“‘癸未’年二月　日”造。四方“癸未年”造的官印中，当以“阶州之印”铜印是目前李自成大顺农民政权所颁官印中年代最早的铜质官印。此印即或不是“‘癸未’年二月　日”铸造，据上述史料以及印章形制、文字风格等亦能判明：“阶州之印”铜印是目前所见大顺农民政权所颁官印中年代最早的官印。《甲申传信录》记载：“李闯既入，五日，建设伪官，改印曰符、券、契、章，凡四等，令职方司收缴前印，悉更铸之，更官名。”[6]上述文献记载中有两点是为关键。第一，时限临界点，即崇祯十七年三月（1644年）；第二，“改印曰符”。这两点中，第一点其实在现有的李自成大顺农民政权官印中，在其建元前夕和建元永昌时就有用“契”“符”二字入印，但明确不能使用“印”字入印是在建元“永昌”后（崇祯十七年三月，1644年）。第二点是对“改印曰符”的理解。首先，李自成大顺农民政权在建元前一定是用“印”字入过印文，不然如何曰“改”？而且“改”的明确时间即如文献记载，当是崇祯十七年三月（1644年）。刻有“癸未”年号款的虎钮“永昌大元帅印”金印[7]和“阶州之印”俱为崇祯十六年（1643年）及以前铸制、颁发。这两方官印用“印”字入印，正好是李自成大顺农民政权在“改印曰符”前所颁官印中带有“印”字印文的实物例证。“阶州之印”的编号，与已知带千字文“天”字编号的“辽州之契”印，即编号为“天字二百五十一号”的李自成大顺农民政权官印一致[8]。“天字二千三百八十八号”这类官印编号印款的编号之大，足见李自成领导的农民政权在当时的影响力与号召力。

“阶州之印”有李自成大顺农民政权

“礼曹造”刻款，其从右往左读的横行排列格式在目前仅是一孤例。但是在时间稍晚的清康熙十六年（1677年），农民起义军吴三桂颁造的“文县守御所印”铜印，则完整地沿袭和传承了李自成大顺农民政权颁造的“阶州之印”的规制与刻款。“文县守御所印”，铜质方形，印面7.6×7.6、通高10厘米。印台背面上部自右往左读，横行阴刻“礼曹造”，与“阶州之印”印台背横行阴刻“礼曹造”完全一致。文县亦属阶州属地，因此吴三桂起义军颁造官印的规制与李自成大顺农民军官印的规制一脉相承就不足为奇了。故“阶州之印”为李自成领导的大顺农民政权官印制度的研究提供了新的实物资料。

注释

[1] 陈根远：《新见李自成时期两方官印及其相关问题》，《中原文物》2010年第2期第101页。

[2] 罗福颐主编《故宫博物院藏古玺印选》第155～159页，文物出版社，1982年12月。

[3] 罗福颐编《古玺概论》第92页，文物出版社，1982年12月。

[4] 王俊峰：《苍溪出土唐代官印》，《四川文物》1988年第6期；王平贞：《大西农民革命政权三方铜印》，《文物》1974年第6期第35页。

[5] 罗福颐编《古玺概论》第94页，文物出版社，1981年12月；伏海翔编《陕西新出土古代玺印》第77页，上海书店，2005年；王宏钧等：《李自成永昌元年“工政府屯田清吏司契”的发现与初步研究》，《文物》1959年第9期第48页。

[6] 中国历史研究社编《甲申传信录》第74页，上海书店，1982年。

[7] 黄家祥：《虎钮永昌大元帅金印主人是张献忠质疑》第610页，《世界图文印记国际学术研讨会论文集》（上），西泠印社出版社，2018年10月。

[8] 罗福颐：《李闯王遗印汇考》，《故宫博物院院刊》1980年1期第51页。

四川博物院藏宜宾翠屏山汉墓陶石

吕 维 四川博物院文博馆员

摘 要：1955 年 8 月，宜宾西郊翠屏村 10 座东汉墓室出土了一批边砖和陶俑，现部分收藏于四川博物院。通过对边砖文字的辨析，结合已发表的资料，判定该处墓葬的时代应为东汉中期，推测其或为家族墓葬，“宜世里宗壑社”或为墓主原籍。典型的汉代陶俑形态，反映出汉代巴蜀地区的交流与联系。

关键词：宜宾翠屏；东汉墓葬 ；字砖；陶俑

宜宾在汉代称僰道，属犍为郡。僰道曾是犍为郡治所在地，是犍为郡的政治、经济、文化和军事要地，扼守川滇走廊，也是当时西南地区的交通要塞。1955 年 8 月，四川省文物管理委员会在宜宾西郊翠屏村清理出 10 座汉墓，墓葬出土了一批陶俑及边砖，现部分收藏于四川博物院。这批文物种类多样，纪年明确，风格典型，为我们了解和研究汉代僰道以及汉代巴蜀的情况提供了宝贵资料。

一 边砖

这批出土的边砖主要为字砖和凤鸟纹砖。字砖多为纪年砖，皆为阳文隶书，分“永元六年”（94 年）和“建光元年”（121 年）等数方。

（一）“永元六年”字砖

共六方，皆为方形。图一砖长 33、宽 22.5、高 7.3 厘米，从右往左书“永元六年八月造”七字。图二砖长 34、宽 23、高 7 厘米，从右往左书“宣化宜世弹休之藏永元六年始造”十四字，结尾处有一鸟纹。图三砖长 33.3、宽 22.2、高 7 厘米，从左往右书“永元六年宜世里宗壑社后安乐”十三字。此三方砖与文字相对的另一端皆有如图四所示鱼骨状几何纹。1996 年 5 月，此四方字砖碑被朱家晋、杨伯达等专家鉴定为一级乙等文物。

此外，另有三方字砖的形态、文字

图一

图二

图三

图四

图五

图六

及纹饰分别与上述三方砖相似，长、宽、高分别为 33、23、7.5 厘米，32.3、22.5、7.5 厘米和 33、22.7、7.4 厘米，皆为三级文物，且前两方均出自 5 号砖室墓。

（二）“建光元年”字砖

共两方，皆呈梯形，且形态和文字相似。图五砖长 28.3、宽 27、高 7.4 厘米，从上往下书“建光元年八月四日作千秋万世长乐未央”十七字，经鉴定为一级乙等文物。另一方长 34、宽 26.5、高 8 厘米，与文字相对的一端有如图六所示方胜纹，为三级文物。

（三）凤鸟纹花砖

共两方。凤凰纹砖（图七）为方形，长 15、宽 16、高 7 厘米，画面存一凤凰局部，出自 5 号砖室墓。朱雀纹砖（图八）为梯形，砖最长 32.4、宽 23.5、高 7.9 厘米，一面自下而上分别有莲池鹳鸟鱼纹、星宿、朱雀和几何纹饰，出自 2 号砖室墓，为三级文物。

据清理简报，该墓仅 10 号墓为土坑墓，就出土物及墓葬的叠压关系而言，其时代应属东汉初期；除此之外，6~8 号墓为石椁墓，1~5、9 号墓为砖室墓，从墓葬形制和出土物等情况判定应为同一时期的墓葬，再由纪年字砖确定其时代应属于东汉后期[1]。另有学者认为，根据四川汉代砖后石室墓的发展演变，该处砖石墓应归于东汉中期（约 78~146 年）[2]。“永乐”“建光”分别为东汉和帝刘肇与安帝刘祜的年号。东汉自 25 年刘秀建立，至 220 年覆灭，历经 196 年，由该墓纪年字砖信息及汉代四川墓葬演变规律来看，我们认为该墓葬划为东汉中期较为合适。东汉墓葬在四川地区多有发现，但就目前的出土情况而言，该墓葬属于比较早期的带有明确纪年字砖且发掘记录较为详细的墓葬。

此外，汉代实行州、郡、县三级行政管理，少数名族地区设道为县，县以下设乡、里。里是最小的行政单位，再往下便少有记载。山东临淄安乐村曾出土“梧台里石社碑”碑额，据载为东汉灵帝熹平五年（176 年）所立，现藏于山东博物馆。结合碑额推测，宜宾此处不同墓室出土的字砖“宣化宜世弹休之藏永元六年始造”和“永元六年宜世里宗墼社后安乐”均表明其或为家族墓葬，“宜世里宗墼社”或为墓主原籍，但具体所指可待考证。这批字砖不仅为研究墓主身份提供了重要信息，也是对汉代相关方志资料的补充。

二　陶俑

出土陶俑主要为人俑和动物俑，皆为灰陶，模制成型。

（一）劳作俑

三件劳作俑均出自 3 号墓。执壶俑

图七

图八

（图九），高 24.7 厘米，作站立行走状，头戴巾，着圆领长衫，袖高卷，双手各提一壶。庖厨俑（图十），高 31.8 厘米，头戴巾，作席地状，膝前置案，左手抚于案上。提箕执锸俑（图十一），高 38.8 厘米，站立状，头戴圆顶帽，身穿圆领衣，左手执箕，右手执锸于胸前，右侧腰际挂一短刀。

（二）乐俑

两件乐俑分别出自 3 号和 4 号墓。抚耳俑（图十二），高 26.8、长 18、宽 5.5 厘米。坐姿，右手抚膝，左手抚耳，作歌唱状。舞俑（图十三），高 40.6 厘米，梳双髻，戴笄，着圆领大襟长袖衣，

图九

图十

图十一

图十二

图十三

右手持长巾高举，左手提衣，作舞蹈状。据载，该墓“还有吹箫瓦人全身坐像一躯”[3]。

（三）侍俑

侍俑若干件，体型较小，多数形态较模糊。图十四侍俑头着巾，高 26.5 厘米；图十五侍俑头戴高冠，高 27.1 厘米。两俑均身着圆领长袖衣，作拱手直立状。

图十四

图十五

（四）动物俑

出土的动物俑有马、猪、鸡等，其中子母鸡两件。这两件子母鸡形态相似，高 15.6、身长 18.1 厘米，母鸡匍地，背上横歇一小鸡（图十六）。

图十六

随葬陶俑大都是为了使墓主逝后能延续生前生活，因此能在一定程度上反映墓主人所处时代的社会风貌。该墓随葬的这批陶俑，与宜宾当地中元造纸厂、重庆丰都汇南墓群[4]等处出土的器物在制作工艺、材质、题材、造型甚至器物组合等方面有诸多相似之处。它们反映了汉代巴蜀地区间的交流与联系，生动地再现了当地的社会生活，使我们在千年之后，依然能借此一窥当时风貌。

注释

[1] 匡远滢：《四川宜宾市翠屏村汉墓清理简报》，《考古通讯》1957 年第 3 期。

[2] 罗二虎：《四川汉代砖石室墓的初步研究》，《考古学报》2001 年第 4 期第 453~482 页。

[3]《文物工作报导》，《文物参考资料》1954 年第 12 期第 190 页。

[4] 四川省文物管理委员会等《丰都县汇南两汉——六朝墓发掘简报》，《四川文物》1996 年增刊，第 109 页。

清题咏长卷《循绩永彰》与宜宾的历史渊源

郭　平　绵阳市地方志办公室方志科

摘　要：江油文管所收藏的《循绩永彰》题咏长卷，为清代晚期苏州王氏故物，因王氏宦游而携带至四川。长卷承载了自嘉庆末至清亡一百年间王氏一门四代的循吏故事，更与咸丰年间“李蓝起义”时发生在宜宾境内的“唐友耕反水”事件有着密切关联。本文主要介绍此长卷的一些基本情况，并探讨其与宜宾的历史渊源。

关键词：江油；长卷；循吏；李蓝起义；唐友耕

一　基本情况

绵阳市江油文管所收藏的《循绩永彰》长卷为馆藏三级文物，以素花绫裱衬（图一）。据跋语可知，此卷曾于民国十二年（1923 年）重装，整体保存情况较好。

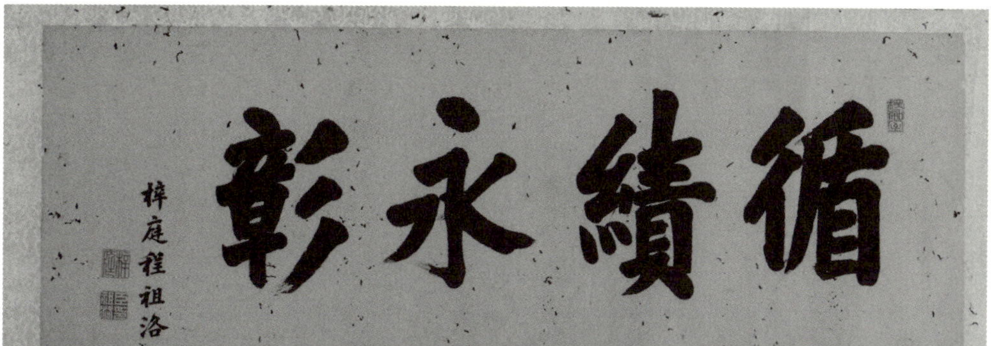

图一

该卷画心长1602、宽30厘米。引首为时任河南巡抚程祖洛题“循绩永彰”四字，以下顺次为准祀之圣旨、请祀之公呈、祀主王庆澜画像、王公专祠图，其后是王庆澜之子王茹棻为纪念父亲而发起的各体征文（诗）作品，跋语殿末。卷末有张政及唐鸿学跋语各一则，记重装长卷之缘起。

纪念诗文的征题时间大多集中于清道光四、五年间（1824 ~ 1825年）；另有道光己亥年（1839年）及同治乙丑年（1865年）两则题咏在集中征题时间以外。前者可判断为王茹棻邀请官场好友题卷，后者系王庆澜之孙、王茹棻之子王槐森在叙州（今宜宾）任官时请上司杨重雅题。

王茹棻征集的题咏是长卷的精华部分。王家历代均为小官，故题诗撰文者多以乡谊受邀，地域特征明显。但王庆澜治绩突出，事迹感人，因公殉职一事又经道光皇帝过问，并降旨旌表，于是题咏者中不乏乾嘉以来的朝廷重臣、名臣，如“状元宰相”潘世恩、河南巡抚程祖洛、鸿胪寺卿宋镕、云贵总督潘铎、湖北巡抚尹济源和广西巡抚杨重雅等。

二　王庆澜及其后人基本情况

《循绩永彰》长卷以河南小官、苏州人王庆澜为主人公。王庆澜，字裕芳，号静波，江苏元和人。清代王家传延七代，王庆澜居中，上三代均为下级武官，大则游击，小则把总；下三代均为基层文官，大则州县，小则丞尉[1]。

王庆澜宦于河南，做了多年的丞尉小官，但官声却很好。这在嘉庆、道光年间吏治糜烂的河南[2]，尤为不易。

嘉庆二十四年（1819年）冬，王庆澜就任槐店县丞。槐店位于沈邱、淮阳及项城三县交界处，政务繁重，民情难治。王庆澜在任时，“视民事如家事，历数年如一日，实属公正廉明，恩威并用，治化三年，举兴百废，匪人惧而敛迹，良民得以安业”[3]。他大力整顿差役队伍，惩治了长期为非作歹的隶卒刘万云，由此结下私仇。道光三年（1823年）正月二十一日夜半，刘万云与同伙潜入县丞署内，将王庆澜杀害。同年三月二十五日，槐店士民联名向陈州知府瞿昂递公呈，请求代为呈报，准许捐资为王庆澜建专祠，加以祭祀。四月十八日，河南巡抚程祖洛将王庆澜遇害案件审处及槐店士民公呈建祠等情况奏报[4]。二十六日，道光帝下旨，“沈邱县槐店分防县丞王庆澜 / 据该抚查明平日居官勤谨 / 于巡缉盗贼 / 查拏赌博 / 甚属认真 / 该处衿民 / 素所感戴 / 乃被革役挟嫌戕害 / 情殊可悯 / 王庆澜 / 著加恩赏加知县衔 / 并准其于该处建立专祠 / 以彰循绩。”[5]

王庆澜之子王茹棻，字艺香，原在山东担任和父亲官阶差不多的小官，父亲殉难前，正忙于改官四川之事。事发后，王家可以在“建祠”和“荫子”两种旌表方式中选择其一。王茹棻毅然放弃后者，选择为亡父建专祠。父子两代，忠孝先后辉映。此后，王茹棻历任邻水、渠县二尹。

王茹棻之子王槐森（又作王槐生），字小晋，曾任屏山、长宁典史[6]，官至简州知州[7]。王槐森之子王升庵，字开隆，官至名山知县[8]。王升庵无嗣，其女婿是江油举人张政。民国十二年（1923年），王家女主人、王槐森的遗孀王钟氏将《循绩永彰》长卷交予孙婿张政保存。

三　杨重雅题诗及唐鸿学跋语里隐藏的历史故事

清同治四年（1865年）五月，四川候补道杨重雅应在叙州府任职的王槐森之请，在其家藏的《循绩永彰》长卷上题字。

杨重雅在道光年间就任职于四川，咸丰年间任成都府知府，帮办团练，同治年间升任道员，在川南帮办筹饷[9]，跟王槐森共事多年，彼此很是投契。此二人都有家人殉职于王事，获旌表立祠祭祀，在王槐森是祖父，在杨重雅是弟弟，于是有了比别人更亲近的一种感情基础。加上王槐森确实是个能吏，对有能力的下属，上司自然是特别欣赏的。杨重雅特题古风一首：

我与公孙参军交有年，参军当世之英贤。生入虎穴取虎子，掖虎而出不畏死。自言乃公有专祠，祠在河南槐市司。槐市昔年刘隶暴，乃公除暴卒遇盗。天语煌煌棹楔封，绘图题赞多巨公。我披斯图长太息，家世忠贞永无斁。我家仲弟亦专祠，豫齐接壤相参差。风马云车应下上，山高水长时向往。

杨重雅称王槐森为“当世之英贤”，这绝非溢美之词。根据杨诗所说，王槐森曾经“生入虎穴取虎子，掖虎而出不畏死”。关于这一句，杨重雅有注语称，“在叙南说降，今其人已得提军矣”。那么，王槐森说降的是谁？又是什么时候的事呢？

杨重雅题诗之后58年，即民国十二年（1923年），王槐森已经去世30多年。前清四川提督唐友耕之子唐鸿学在成都看到了王槐森遗孀王钟氏保存的“岁远脱落”的《循绩永彰》长卷，感慨于王家绝嗣，后辈凋零，于是代王钟氏重修长卷，延续先辈情谊。唐鸿学在长卷上题跋，称“小晋世丈与先将军患难至交”。原来，唐友耕就是那位被王槐森“策反”的敌营大将。

王槐森任屏山典史时，正赶上李永和及蓝朝鼎起义部队由云南北上入川，围攻叙州。王槐森参加守城的战斗，不幸被俘，但他不但平安归来，还成功招降了被李、蓝裹挟谋反的唐友耕，在很大程度上削弱了李、蓝的实力。

唐鸿学撰有《唐公年谱》，记载父亲唐友耕生平甚详。年谱中有如下记载：

“（咸丰九年）九月十八日，寇犯叙州府，官军战败。屏山县典史王槐生、普安营守备马国良皆被虏。公给以讯系官军牧圉者，为缓颊，得不死。越日，阴纵之归，使代明陷贼状，并约期自拔来归。冬十一月初九日，公遂率十八人驰归。”[10]

对照杨重雅、唐鸿学二人所言，以及张政的跋语，可知“王槐森”与“王槐生”实系同一人。唐友耕早年是李永和及蓝朝鼎手下大将，攻打叙州府时抓住了王槐森（生）和马国良两位官员。唐友耕哄骗李、蓝，称二人是马夫，二人借此保住了性命。第二天，唐友耕悄悄放了二人，并通过他们与清军建立联系，约期反正。

在题跋作诗时，唐鸿学和杨重雅分别因私人感情而有所侧重，一个把唐友耕描述成弃暗投明，一个把王槐森描述成孤胆英雄。唐友耕对于李、蓝一开始就有异志，故而一直在伺机观望；王槐森出身循吏之家，祖上又是三世武官，所以临难有机变。事起仓卒，但两人以最合理、最稳妥的方式实现了互救，均不愧为豪杰。

关于王槐森（生）临难有机变，光绪《屏山县续志》亦有记载：

> 王槐生，性耿介，有器干名，能缉捕。庚申邱道之变，知县黄在外招安，城守无人，槐生督率民团，授兵登陴，阖城赖之以安。[11]

庚申年即咸丰十年，“邱道之变”虽然语焉不详，但可以看出，当时发生了很危急的突发事件，知县不在城里，典史王槐生临危不乱，勇于担当，确保了县城的安全。

结语

围绕一个设定的主题，多人撰写诗文，汇为长卷或册页，是清代文人的风气。传世《大通秋泛图》《南台祖帐图》和《铜官感旧录》等著名长卷（册页）均属此性质，题咏者多为著名文人。单论文学及艺术上的价值，《循绩永彰》长卷虽不能与上述著名长卷相较，但也自有其鲜明、积极的意义，即以题咏长卷这一形式，反映出古代社会对“循吏”精神的推崇。“循吏”之名，最早见于太史公司马迁在《史记》中为循吏立传，重农重教、清正廉洁、勤于职事的“循吏”形象，在民间逐渐衍生出“清官”概念，至今仍深刻影响着中国社会。《循绩永彰》长卷的价值，正在于此。此外，以小人物承载的、更为真实的地方历史信息，亦值得深入挖掘。

注释

[1][2]《循绩永彰》长卷顾莼“特赠知县河南淮沈项县丞静波王公传”。

[3]《清史稿》卷三百七十七，《列传》一百六十四“顾莼”。

[4] 见《循绩永彰》长卷。

[5]《清实录・道光实录》卷五十一。

[6]《中国地方志集成・四川府县志辑》第28册第750、781页，巴蜀书社，1992年8月。

[7]《中国地方志集成・四川府县志辑》第27册第140页，巴蜀书社，1992年8月。

[8] 见江油文管所藏王氏另一长卷《胥江饯别图》跋语。

[9]《清实录・同治实录》卷之十五、一百四十五。

[10] 唐鸿学：《唐公年谱》第4页。

[11]《中国地方志集成・四川府县志辑》第36册第885页，巴蜀书社，1992年8月。

日本《奉天命铢□告四川良民书》解读

陈杰杰　广安市博物馆文博馆员

摘　要：《奉天命铢□告四川良民书》是广安市博物馆保存的一份抗战时期日军轰炸四川广安县城时抛撒的政治宣传单。该告示对中国抗战领袖、民众和各种抗日力量无耻辱骂，以空袭威逼挑拨川人反对中央政府，制造混乱，从而达到瓦解中国人民抗日意志的目的，表现了日本侵略者的无耻、凶狠和残暴，是日本侵华罪行的铁证和自供状。

关键词：日本；侵华；轰炸；四川；告示

82年前，面对日本发动的全面侵华战争，中国人民团结一致，实行全民族抗战，用血肉之躯筑起钢铁长城，谱写了反抗外来侵略的壮丽史诗。广安市博物馆保存的一份珍贵文物《奉天命铢□告四川良民书》成为日本侵华、轰炸四川及空袭广安的直接铁证。

一　文物简介

这张《奉天命铢□告四川良民书》传单，纸质泛黄，长24.2、宽17.8厘米，除底边部分残损及皲裂外，基本保存完整，自右至左采用宋体字印刷，文字内容清晰。全文内容如下（图一）：

日华交戈，时已三载，战祸遍地，蒋介石借坚壁清野，焦土抗战之名实行共产党之烧杀毒策，使大好都市尽化瓦砾，无辜良民不死于炮火即死于沟壑，叹息悲号，怨气上冲九霄，然蒋宋唯一媚外，收刮民脂膨胀私囊，复执苏共屠刀，以逞杀戮，其残忍酷虐，远甚于张献忠，犹尚信口雌黄，以最后欺骗人民，无如事实胜于雄辩，时至今日，虽至愚亦决不致信矣。

蒋贼祸国殃民，罪恶滔天，已为上天所不容，没亡之期，可立而待，乃为应顺天意，蜀人应迅即起义，灭此朝食，以天下宝库之四川还诸蜀人。

但若违背天意，姑息养奸，纵令凶贼跳梁，则我大日本空军决将遵从天命，执行圣战任务，铢斯妖孽。是时，随处轰炸，天弹纷坠，玉石混淆，汝辈同受天谴，将使天赋之国四川，化为焦土，汝其勿悔。

大日本空军总司令

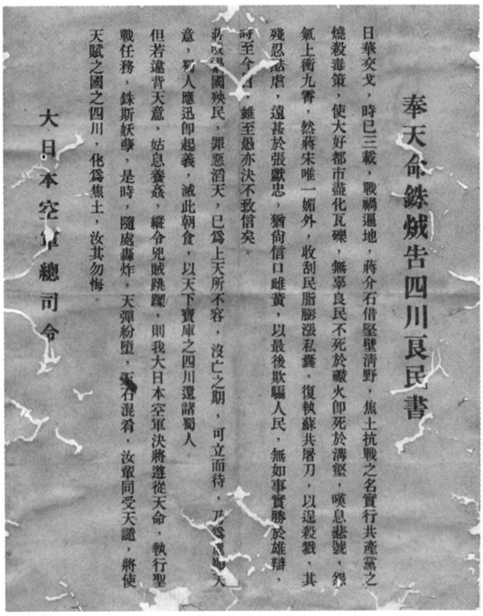
奉天命鋤賊告四川良民書

日華交戈，時已三載，戰禍遍地，蔣介石借堅壁清野，焦土抗戰之名實行共產黨之燒殺毒策，使大好都市盡化瓦礫，無辜良民不死於礮火即死於溝壑，嘆息悲號，怨氣上衝九霄，然蔣宋唯一媚外，收刮民脂膨漲私囊，復執蘇共屠刀，以逞殺戮，其殘忍酷虐，遠甚於張獻忠，猶尚信口雌黃，以最後欺騙人民，無如事實勝於雄辯，時至今日，雖至愚亦決不致信矣。

蔣[illegible]國殃民，罪惡滔天，已爲上天所不容，沒亡之期，可立而待，乃[illegible]天意，蜀人應迅即起義，滅此朝食，以天下寶庫之四川還諸蜀人。

但若違背天意，姑息養姦，縱令兇賊跳躍，則我大日本空軍決將遵從天命，執行聖戰任務，鋤斯妖孽，是時，隨處轟炸，天彈紛墮，玉石混肴，汝輩同受天譴，將使天賦之國之四川，化爲焦土，汝其勿悔。

大日本空軍總司令

图一

该传单标题即为“奉天命铢□告四川良民书”，落款为“大日本空军总司令”。正文内容分三段，第一段进述蒋介石国民政府统治的黑暗与残酷；第二段以“川人自治”为由，号召大后方人民起义推翻蒋介石国民政府的统治；第三段对四川人民以大轰炸进行恐吓威胁。

二　日军空袭四川

（一）史无前例的大轰炸

1937年7月7日，日本发动全面侵华战争，开始进攻中国华北、华东等地。在抗日救亡统一战线的旗帜下，中国掀起了全民族抗战的高潮。1937年11月，上海失守，国民政府迁都川东重镇重庆。1938年10月武汉战役后，日本兵源及财政经济困难，抗战进入战略相持阶段。日本调整了侵华作战方针，停止了对中国各地的大规模军事进攻，转而对我国内地许多大、中城市进行空中轰炸。1938年12月2日，日本天皇向侵华日军下达“大陆令第241号”命令，对迁移到重庆的国民政府进行“航空进攻作战”。日本大本营参谋长发布的《关于实施对全中国航空作战的陆海军中央协定》（即“大陆作战令345号”）规定：“陆军航空部队以航空兵团为主，对华北、华中要地进行战略、政略的航空作战。海军部队主要担任对华中、华南要地的战略、政略作战”，并指示部队“对中国各军可使用特种弹（即毒气弹）”，可以“直接空袭市民，给敌国民造成极大恐怖，挫败其意志，促使蒋政权崩溃”[1]。为此，日军专门制定了针对成渝的“101号”战略轰炸计划和针对自贡等各地制盐工厂的“102号”战略轰炸计划。自1938年2月19日日机首次空袭重庆起，日军开始了对战时中国首都重庆及战略大后方四川长达6年多的大规模“轮番轰炸”“月光轰炸”“疲劳轰炸”，这也成为世界军事史上规模最大、持续时间最长的战略轰炸。

（二）日军的凶残狡诈

因临近陪都重庆，在大轰炸中，南充、广安等四川中小城市也成为日军战略轰炸的目标。1940年，日军曾三次轰炸广安县城。其中“9月3日12时许，日机27架由西到北排成‘一’字形，随后又变为每3架为一队、每3队为一批，共3批飞过广安县城，在协兴乡投弹数枚，并用机枪扫射后折返县城上空，又呈‘一’字形交叉低空扫射、投炸弹、撒传单。对西溪河、大寨、白花山、文庙沟、云顶山、横街、北仓沟、小北门、北街和北门外一带进行了三次反复轰炸扫射，日机所过之处，浓烟滚滚，血肉飞溅，尸骨遍地。这次轰炸，日机共投弹219枚，炸死101人，炸伤169人，毁坏房屋410余幢，直接经济损失约值法币25万元。”[2]同日，36架轰炸南充城的日机在南充市区也抛撒了大量传单。日军在轰炸中，除了抛撒政治宣传单外，为准确攻击目标，常先投掷石块，赶出人群，再用机枪扫射或炸弹轰炸。“1940年9月3日，日机对南充城的首轮轰炸中，小东街一带的上百平民无处躲藏，于是来到一株大树下躲避。不料，日机飞来后，向树下投石头，人们误认为是炸弹，纷纷从树下向外跑，结果上了当。这时日机低空俯冲，用机枪对着人群扫射，致数十人当场毙命。”[3]同年8月19日，日机在对南部县城的轰炸中，也丢过石头驱赶人群以便于机枪扫射。日军的凶狠与奸诈在此显露无疑。

（三）大轰炸的危害

日本侵略者凶狠残暴，肆意践踏平民，专门把恐怖和屠杀民众作为其军事征服之能事。日机6年多的狂轰滥炸给四川人民带来了深重灾难。据四川省档案馆档案的不完全统计，当时四川全省143个市县，遭日机轰炸且有伤亡的达到61个，约占全川市县总数的43%，其中2.6万余人被炸伤，2.25万余人被炸死[4]。“重庆大隧道惨案”，即“万人大惨案”，就是在日军轰炸中发生的。

大轰炸，给广大民众的生产生活造成了巨大破坏，损失难以估量，尤其是轰炸所带来的精神恐惧和心灵创伤，在人们心里久久难以愈合。

三　传单的价值

（一）日本粉饰美化侵略战争的罪证

除了从精神和肉体上对中国人民的抗日意志进行摧残外，日军在文化上也不断对各种抗日力量进行攻击与抹杀，并表现出了无比的虚伪和奸诈。为发动、美化侵略战争，日本在《奉天命铢□告四川良民书》中对一切抗日力量进行了恶毒攻击和武力威胁，包括国民政府、中共、苏共和四川人民，并打出了“反蒋”口号。蒋介石作为战时中国最高领袖，统领着全民族的抗战，其大量引进美国资本和德国装备，默许抵制日货，不接受日本的商品倾销和武器出口，拒绝日本所谓真诚的帮助，更是号召全国军民抗战，惹恼了日本，打乱了日本变中国为其附庸的计划。因此，“反蒋”成为日本发动和美化侵略战争的口号。对于不听话的蒋介石国民政府，日本必欲除之而后快，这也是日本在二战中一贯坚持的“在蒋政权溃灭之前，实无和平可言”[5]。时任日本陆相的坂垣曾在1938年7月4日五相会议上公开叫嚣“蒋政权存在一日，日支一日无和平希望，而当决心彻底打倒蒋政权”[6]。1939年5

月3日，日机轰炸重庆城时曾抛洒过大量传单，内容为“蒋介石、宋美龄到了处日机彻底轰炸”[7]，即说明日机此次轰炸重庆就是专门针对蒋介石的斩首行动。

（二）告示中虚伪的日军假名号

《奉天命铢□告四川良民书》传单的落款“大日本空军总司令”则显示出了日军的虚伪。二战中，日本并没有独立的空军建制，空军力量也没有一把手。日本航空作战依靠的是陆军航空兵和海军航空兵，负责人为陆（海）军航空本部长和陆（海）军航空总监。侵华日军甲级战犯东条英机就曾担任过陆军航空总监兼航空本部长。根据日军的作战计划，隶属于日军陆军和海军的第59、第12飞行战队，第一、第三飞行团和第一、第二联合飞行队所属的300余架各类战机成为日军对中国大后方发动空袭轰炸的主要力量。因此，“大日本空军总司令”是日军为从文化宣传上武力威吓中国人民编造的假名号，是以不存在的“大日本空军总司令”名义发布的对华战争宣言，因而在该宣传单的落款处也就没有所谓空军总司令本人的签名或印章。

（三）制造混乱以瓦解中国人民抗战意志

日本对中国民众抗战的决心和意志过于低估，长期宣传“‘支那’军丧失战意，民众怨恨国民政府”的舆论，一厢情愿地想在瓦解中国政府和民众团结抗战上做文章。这张针对大后方专门制作的传单，本意在离间四川人民和蒋介石国民政府之间的关系，摧毁蒋介石和大后方人民的抵抗意志，以轰炸逼迫川人制造混乱，瓦解中国人民抗战意志。这是因为“日军知道地方军阀势力反对蒋介石入川，曾散布过谣言说蒋介石是旱魃神，到了哪里，哪里就天旱无收成。但这些谣言早在学生们的各种宣传后，在救亡图存团结抗战的口号声中消灭了，现在又以空袭威逼妄图挑起老百姓反中央政府的混乱”[8]，然而这一切都将是徒劳。近年来，在四川南充南部县等地也发现同样传单，足见日本侵略者当时在中国领空是多么横行霸道、肆无忌惮。

如今，抗战胜利已74年，日军对四川的大轰炸也成为一段不堪回首的历史，成为一段令国人伤痛不已的记忆。这张《奉天命铢□告四川良民书》作为日本侵略者发动侵华战争罪行的原始记录和自供状，有力地批判和回击了日本右翼试图掩盖和否认侵略历史的言行，也时刻提醒国人牢记历史、缅怀先烈、珍爱和平。

注释

[1]（日）前田哲男：《重庆大轰炸》第38页，成都科技大学出版社，1989年。

[2]四川省广安县志编纂委员会《广安县志》第19页，四川人民出版社，1994年。

[3]李秉新等：《侵华日军暴行总录》第1230页，河北人民出版社，1995年。

[4]张洁梅，李泽民：《抗日战争时期日寇轰炸四川始末》，《四川档案》2005年第3期。

[5][6]许海芸：《倭寇播音记要选辑一》，《民国档案》2014年第1期。

[7][8]田苗：《记忆中的重庆大轰炸》，《红岩春秋》1999年第4期。

贵州出土石寨山型铜鼓雏议

张昊辰　中山大学社会学与人类学学院文物与博物馆学专业在读研究生

摘　要： 贵州赫章县可乐、辅处以及仁怀茅台出土的三面铜鼓，具备石寨山型铜鼓的典型特征，是贵州出土铜鼓的早期类型，并有一个自早至晚的发展趋势，基本代表了贵州石寨山型铜鼓铸造与使用的上、下限，时间应可追溯至中国西南地区石寨山型铜鼓流行的战国至东汉时期。

关键词： 贵州；石寨山型铜鼓；特征；时代

铜鼓，是古代的一种金属打击乐器，由鼓面、鼓身构成，鼓身分为胴、腰、足三部分，只有鼓面一个敲击面，底部为空，一般铸有四耳在胴部与腰部之间，造型类似倒置的铜釜，主要出土于中国以及东南亚诸国。我国铜鼓主要分布在云南、四川、贵州、广西等南方地区，目前发现年代最早的铜鼓出土于云南楚雄万家坝墓地 23 号墓，根据棺椁木屑的碳十四测定，为 B.P.2640 ± 90 年（B.C.690 ± 90 年），大约在春秋早期[1]。因云南出土的早期铜鼓的型式、纹饰等相对简单，一般认为云南是铜鼓的发源地并且向外传播扩散。铜鼓因区域和时代的不同，有着类型上的差异和发展。以目前我国出土地点明确的铜鼓为标准器，铜鼓分为万家坝型、石寨山型、冷水冲型、遵义型、麻江型、北流型、灵山型、西盟型[2]从早到晚的八个类型。

其中的石寨山型铜鼓是以云南省晋宁县石寨山出土的一批铜鼓为代表。其特点是鼓面大于鼓腰，胸部突出，足部较高。纹饰多为写实性纹样，鼓面主纹为旋飞鹭鸟，胸部主晕饰人物划船图像，腰部常由竖直纹带纵分成方格，内以牛或剽牛仪式及衣羽人跳舞图像为装饰，即李伟卿先生所分的Ⅰ型 b 式[3]。这类铜鼓的分布中心在云南，北延至四川南部，东北到贵州北部，东南扩及广西贵港，南达印度尼西亚。流行时代从战国初期至东汉初期，前后延续五百多年。历史上铸造和使用这类铜鼓的民族有滇、劳浸、靡莫、夜郎、句町和骆越[4]等。以下即对贵州零星发现的石寨山型铜鼓略作归纳梳理和初步探讨。

一 贵州石寨山型铜鼓的发现

贵州目前发现的石寨山型铜鼓共三面，其中赫章可乐遗址出土的铜鼓为考古发掘品，赫章辅处与仁怀茅台出土的铜鼓皆是有确切出土地点的非考古发掘品。

可乐铜鼓出土于赫章县可乐乡可乐河南岸祖家老包153号墓，现藏于贵州省博物馆，编号赫153：3（彩版一）。1978年，贵州省博物馆与赫章县文化馆在赫章可乐区范围内的可乐河两岸进行了多次调查和发掘[5]。在可乐河北岸分布有中原式的汉墓（甲类墓），而在可乐河南岸则分布着同时期和略早于汉墓的土著墓葬（乙类墓），出土铜鼓的153号墓为乙类墓。此铜鼓高25、面径42、足径46厘米，为二道合范浇铸接合而成，胴、腰、足三段分明。鼓面出沿，出沿处与胴部的角度很小。胴部鼓圆突出，且明显大于鼓面，最大径在中分线处，腰部骤收成束，无弧度。胴部下端和腰部上端置带状扁耳两对，耳无孔且短，耳面饰五条辫索纹。胴部下方明显内收成腰部，腰部上方以竖直纹带纵分成六格，每格内饰牛纹，其下部自上而下分别饰圆圈纹、锯齿纹各一周。腰足间有一折棱，足部很短，外撇，素面无纹。胴、足径相当。鼓面中心为光体，四周八角光芒，芒间夹复线三角纹，主晕第四晕饰四只翔鹭，第一、五、七晕为锯齿纹，第二、六晕饰圆点圆圈纹，第三晕系雷纹。鼓侧胴部以竞渡为主晕，共六组，每组船上立羽冠舞人九个，羽冠较大，人物图案化，竞渡纹上方自上而下分别饰圆圈纹、锯齿纹各一周。鼓出土时侧置于墓坑南端，内盛人头骨。同墓出土物还有环首铁刀、铜带钩、残铁器[6]。

辅处铜鼓出土于赫章县辅处墓地，是1957年赫章可乐辅处公社社员修水沟时发现的，现藏于贵州省博物馆，编号60.2.6712（彩版二）。此外，在辅处乡范围内还出土有典型的汉式铁剑[7]和两件人面纹直内青铜戈[8]。自20世纪80年代起，即在辅处河两侧发现多处古墓分布点。辅处墓地位于可乐坝子西南侧的辅处河两侧，地处赫章县辅处乡和威宁县羊街镇，辅处河自南向北流入横江，属长江水系。辅处铜鼓制作精良，高24.5、面径45.6、足径48.8厘米，为二道合范浇铸而成。胴、腰、足三段分明，鼓面出沿，出沿处与胴部的角度较大。胴部圆突，稍大于鼓面，最大径在中分线以上。鼓侧胴部上部自上而下饰锯齿纹、勾连纹各一周，下部饰四组竞渡纹，船上站立羽冠舞人1~4人不等。胴部下方明显内收成腰部，胴腰间有两对短扁耳，耳无孔，饰辫索纹；腰部上端以竖直纹带纵分成八格，每隔一格饰一牛纹，腰部下端饰两周锯齿纹。腰足间有一折棱，足部短，外撇，素面无纹。胴径略小于足径。鼓面正中为光体，四周九角光芒，芒间夹圆点圆圈和复线三角纹。外有纹饰七晕，主晕第四晕饰六只翔鹭，第一、三、五、七晕为锯齿纹，第二、六晕为圆点圆圈勾连纹[9]。

茅台铜鼓于1985年4月2日在仁怀县茅台乡银滩村葫芦田出土，现藏仁怀市博物馆。铜鼓重18.15公斤，通高33、面径57、足径56.4厘米。该鼓锈蚀较小，下段稍残，鼓身系二道合范浇铸而成。鼓面出沿，出沿处与胴部的角度大，几呈圆角。胴部圆突，最大径在中分线以上，略大于鼓面，胴部一周饰有四条凸出的线条；束腰，胴腰间没有明显收分，有带状扁耳两对，耳上、下方各有一长条形孔，耳面饰八条辫索纹，腰的顶部和底部分别饰两周较细的线条。腰部下端有一条凸出的折棱。足部较长，外撇，近足底部有一道细折棱，足径明显小于胴径和面径。鼓面正中为光体，外有十二芒，芒间夹饰蝉翼纹。芒外有八晕，皆单线起晕。第一晕为双向锯齿纹，第二晕为涡纹，第三、五、七晕为栉纹，第四晕主晕为游旗纹，第六晕为翔鹭纹，第八晕为复线勾连纹[10]。

二　贵州石寨山型铜鼓的特征和时代

上述三面铜鼓在铸造工艺、型式与纹饰上有着共性特征，亦有明显差异。

此三面铜鼓均为青铜所铸，有二道合范线，胴、腰、足三段分明，鼓面出沿，胴身上部圆突，且略大于鼓面，束腰，胴部与腰部之间有扁耳两对，足短外侈；鼓面均有复杂纹饰；鼓身纹饰以竞渡纹和牛纹为主，到仁怀茅台鼓时省去，但形制相同。故，此三面铜鼓均归于石寨山型。

但在形制、纹饰上，这三面铜鼓存在细微差异。

就形制而言，可乐鼓、辅处鼓、茅台鼓鼓面出沿处与胴部交叉处的角度有由小变大的趋势，可乐鼓最小、辅处鼓稍大，茅台鼓已经几呈圆弧形；胴径、足径均在逐渐内收，胴部超出鼓面的尺寸逐渐变小，茅台鼓的足径已经大大小于鼓面，但外撇的足部在逐渐增高；耳从无孔演变到有孔；腰部亦有细微变化，茅台鼓的束腰在胴腰连接处已经没有明显折棱。

就纹饰而言，可乐鼓、辅处鼓、茅台鼓鼓面中心的光体分别是8、9、12芒。芒外纹饰上，可乐鼓有复线三角纹、锯齿纹、圆点圆圈纹、雷纹以及主晕四只翔鹭；辅处鼓有圆点圆圈纹、复线三角纹、锯齿纹、圆点圆圈勾连纹以及主晕六只翔鹭；茅台鼓有蝉翼纹、锯齿纹、涡纹、栉纹、翔鹭纹、复线勾连纹以及主晕游旗纹，可看出有逐渐增多的趋势，纹饰的装饰重心越来越集中于鼓面。胴部装饰，可乐鼓有六组竞渡纹，每组船上立羽冠舞人九个，竞渡纹上方饰圆圈纹、锯齿纹；辅处鼓胴部饰四组竞渡纹，船上站立羽冠舞人1~4人不等，上部饰锯齿纹和勾连纹。腰部纹饰，可乐鼓有六格牛纹，饰圆圈纹、锯齿纹各一周；辅处鼓腰部虽然有八格，但仅四格装饰有牛纹，其下两周锯齿纹；茅台鼓胴、腰部仅有线条纹饰，不见牛纹，可见鼓侧纹饰却是有逐渐简化的趋势。

铜鼓在我国的延续时间很长，上至

春秋时期，下至明清时期甚至当代仍在使用。石寨山型铜鼓是我国铜鼓的早期型式，因出土于云南晋宁石寨山而命名。从目前出土的石寨山型铜鼓来看，其年代均在战国秦汉之际。贵州发现的可乐、辅处、茅台三面石寨山型铜鼓，是目前贵州发现年代最早的铜鼓类型；而就石寨山型铜鼓的流行时段，其年代也应在战国秦汉时期。从可乐、辅处、茅台出土的三面铜鼓的特征和发展趋势看，其铸造时间应该有早晚的差别。

可乐铜鼓出土于赫章可乐遗址的乙类墓中，墓中（M153）出土有贵州西汉晚期墓葬中常见的铜带钩，其他乙类墓中有出土汉代长剑和钱币，所以赫章可乐 M153 应该为西汉时期墓葬，铜鼓入葬年代应该为西汉晚期[11]。伴出铜鼓的特征与云南晋宁石寨山铜鼓高度相似，或即源自与此，其上限不会早于云南石寨山出土铜鼓，故可乐铜鼓的铸造年代应该不会早于战国晚期。赫章辅处铜鼓与仁怀茅台铜鼓由于是征集品，不是经过考古发掘而来，其年代不好推断。但是辅处铜鼓与可乐铜鼓无论型式还是纹饰都极为类似，并且出土铜鼓的辅处墓地区域中还出土了汉代长剑，所以辅处铜鼓应该与可乐铜鼓为同一时期。只是，从鼓的形制、纹饰的细微差别看，或较可乐铜鼓略晚。茅台铜鼓无伴出器物，从其形制和腰部纹饰的明显简化来看，其时代应晚于可乐鼓和辅处鼓，或应属云南省石寨山型晚期铜鼓。赤水河，为古交通要道，沿岸有丰富的两汉时期遗存分布，典型的有赤水复兴崖墓[12]、习水黄金湾遗址[13]；仁怀茅台镇上游有德庄、太平厂、鲤鱼滩遗址[14]，下游有合马镇渡口村东汉砖室墓[15]和卢缸嘴汉代遗址[16]等，故该鼓在此发现非偶然。结合石寨山型铜鼓的下限时间，推测仁怀茅台鼓的铸造期或可追溯到东汉前后[17]的判断应该无误，应代表了石寨山型铜鼓晚期阶段的特征。

结语

综上，赫章可乐、辅处以及仁怀茅台出土的三面铜鼓形制及纹饰特征接近，均系石寨山型铜鼓，是贵州出土铜鼓的早期类型。通过对三面铜鼓的比较，可以看出它们有自早至晚的发展趋势，或可代表贵州石寨山型铜鼓发展的早晚阶段，基本代表了贵州石寨山型铜鼓铸造与使用的上、下限，时间应该可追溯至中国西南地区石寨山型铜鼓流行的战国至东汉时期。贵州石寨山型铜鼓的发现，对于探讨中国西南地区铜鼓的发展与分布、民族间的文化交流与融合有着非同寻常的意义。

注释

[1] 北京大学历史系考古专业碳十四实验室：《碳十四年代测定报告（续一）》，《文物》1978 年第 5 期。

[2] 李昆声、黄德荣：《中国与东南亚的古代铜鼓》第 31 页，云南出版集团公司、云南美术出版社，2008 年 12 月。

[3] 李伟卿：《中国南方铜鼓的分类和断代》，《考古》

1979 年第 1 期。
[4] 广西壮族自治区博物馆编《广西铜鼓图录》第 55 页，文物出版社，1991 年 9 月。
[5] [11] 贵州省博物馆《赫章可乐发掘报告》,《考古学报》1986 第 2 期。
[6][7][9]宋世坤:《贵州铜鼓的分布、类型和断代》,《贵州文史丛刊》1980 年创刊号。
[8] 张合荣:《夜郎文明的考古学观察——滇东黔西先秦至两汉时期遗存研究》第 25 页，科学出版社，2014 年 12 月。
[10] [17] 王胜利:《仁怀县文物志稿》第 82、83 页，四川省合江县印刷厂，1987 年。
[12] 贵州省文物考古研究所、赤水市文物管理所《贵州赤水市复兴马鞍山崖墓》,《贵州田野考古报告集》第 255 页，科学出版社，2014 年 12 月。
[13] 贵州省文物考古研究所发掘资料。
[14] 贵州省文物考古研究所田野调查资料。
[15] 顾新民、汤鲁彬、蔡永德:《仁怀合马东汉砖室墓清理简报》,《贵州文博》1993 年第 1、2 期合刊。
[16] 周必素:《仁怀发现汉代遗址》, 1993 年 7 月 18 日《中国文物报》。

从“西南半壁”到“三省枢纽”

郭声波　暨南大学教授

摘　要：宜宾因为独特的区位优势而被历史选择，秦汉时期开始从最初的“边城”逐渐发展成为中央王朝经略西南的桥头堡，交通的发展贯穿宜宾古代历史的始终，使宜宾成为“三省枢纽”、区域商贸中心。今天，再次因为交通，宜宾迎来了新一轮的、更大的发展机遇。

关键词：宜宾；西南半壁；交通枢纽；商贸中心

大观楼的“西南半壁”，出自一首古诗：“石城门峻谁开辟，更鼓误闻风落石。界天白岭胜金汤，镇压西南天半壁。”作者一说是隋史万岁，一说是唐剑南西川节度使韦皋派往南诏的使者；地点一说在小相岭石门关，一说在今云南盐津县豆沙关，一说在今高县庆符石城山。清人顾汝修以赠宜宾，倒是反映了时人对宜宾历史地位的卓识见解。

所谓“西南半壁”，自然是指南中地区——今云贵高原。当然，整个高原不是一个城市就能控制的，但云贵高原可以三分，中心在滇东的滇池地区，只要控制了滇池地区，也就相当于控制了“西南半壁”。从区位优势来看，控制贵州的桥头堡有川东南的重庆、彭水和泸州，控制滇西洱海地区的桥头堡有川西南的西昌，而控制滇池地区的重任，自然就落到川南的宜宾身上。泸州虽也在川南，但水路的永宁河和赤水河通向贵州，而宜宾的水路横江和南广河则通向滇东。

这是从区位优势看，而从区域开发史角度看，元代以前的宜宾也积极扮演了控制滇东地区的边城角色。

为什么是边城？

其一，据《华阳国志》记载，今川、云、贵交界地带，先秦时就是南夷僰人居地。古蜀国征服僰人，封酋首为僰侯，就住在宜宾，蜀王建兵栏（军营）监督之。秦灭蜀，以宜宾置县级政区——僰道，隶蜀郡。从名称看，即显示了宜宾控制蛮夷的边城性质。

其二，汉武帝取僰人地置犍为郡和越嶲郡，分别作为经略南夷大国夜郎国和西南夷大国滇国的桥头堡。后灭夜郎置牂牁郡，灭滇国置益州郡。唐蒙开辟了以僰道为起点的南夷道，即北道；司马相如继秦代常頞之后开通了以沈黎郡治为起点的零关道，即南道，但南夷道规格更高。所谓“凿石开阁，以通南中，迄于建宁（益州郡治，今晋宁）。二千余里，山道广丈余，深三四尺”。也就是说，汉朝更重视北道作用，因为僰道往北到成都有水路可通，往南可以从今威宁分路，分别通往益州、牂牁两郡，兼顾滇东的西南夷和贵州的南夷地区。零关道的作用更多的是欲打通洱海地区，经略滇西到身毒（天竺）的丝绸之路。

从成都出发的距离看，零关道更近天竺，但全程陆路，且山路居多，运输能力不如水陆联运的南夷道，故实际上两道作为西南丝绸之路东、西两线并行不悖。

犍为郡治起初在鳖（今遵义），武帝之子昭帝时移治僰道（今宜宾），直到东汉才移治武阳（今彭山），宜宾作为犍为郡治至少百年。

三国时诸葛亮和隋初史万岁南征云南地区的叛乱，均是从僰道出发，回程才取道西昌越西的南道。史万岁出征时，还派人重新开凿了石门阁道。

唐代云贵高原自西向东分属姚州、戎州（今宜宾）、黔州都督府，而戎州都督府管辖范围正包括了以滇池为中心的滇东地区，南界直到今中、越边境，呈长条形。主要原因就于有一条从戎州经威宁、曲靖到安南的交通要道——石门旧路和滇越东道。

南诏占领滇东地区后，一些州县纷纷内迁到戎州境内寄治。如殷州，寄治屏山县商州镇，开边县，寄治宜宾县安边镇。南诏将滇东地区的重镇从曲靖迁到到昆明，后来与唐和好，双方共同开辟了从宜宾经昭通、会泽直达昆明的石门新路，便于使者往还。此后成为元、明、清从云南东川到叙府运铜陆路的基础，因为金沙江滩多，只宜放木，不宜船运。

唐安史之乱以后直至南宋，南诏、大理占领云南地区长达500年，戎州虽然改为叙州，仍然表示“西戎即叙”的边城性质，但对少数民族的控制范围大大缩小。苏轼《过叙州》云：“乱山围古郡，市易带群蛮。往时边有警，征马去无还。自顷方从化，年来亦款关。”就有惜古颂今的性质。

元灭大理设云南行省，明初又设立贵州布政司，云贵高原在政治上自成单元，基本脱离四川管控，宜宾主要功能不再是边城。从元代开通的从宜宾到昆明的驿路看，其联系川、滇、黔三省的交通运输功能反而更加突显出来。这是宜宾历史上的重要转折点，也就是从管控“西南半壁”的政治、军事功能转向“三省枢纽”的商贸交通功能。

说到交通，可以追述到古蜀国。当时以南中为园林，象牙、犀角等货物“第如滇池，集于江洲”（《蜀都赋》），即通过僰道运到成都。汉僰道城临金沙江不临岷江，说明当时城址选在金沙渡口，以便控制五尺道。

正如《文物会说话》中《滇南馆》所说：

清中期到民国，宜宾的商贸可以用八个字形容：“水陆交汇，贸易四达。”清代云南商人集资修建的滇南会馆，是宜宾城最火的建筑，说明宜宾与云南的交往尤为密切。和滇南会馆相距几百米的“潼关”码头，最初叫“铜关”，就是专门用于管理和转运云南铜产品的。滇南会馆所在的走马街为云南入川的山货和药材的主要交易市场，民国时又于此设有银行、钱庄。离此不远的栈房街，有铺面80余间，每日来往客商上千人，其客货行栈，至民国时已达24家。

另外，叙府富顺的井盐也通过石门道和泸州运往三省交界地区，甚至沿长江而下出川。宜宾的美酒和沱茶也溯岷江而上，运往成都和西康等地。

宜宾与泸州、重庆都是四川盆地大支流交汇处。从水深角度看，宜宾的深水港地位不如泸州、重庆，但就在滇南会馆竣工的前一年，即1903年，英国机动轮船史人宜宾。这是当时外国进入中国内河最远的轮船！可以说，它开创了宜宾与外界交通的新纪元！说明宜宾是具备外埠条件的长江上游最远的城市。

1959年修通的内宜铁路，到2001年延长为内昆铁路。进入21世纪，宜宾又有多条高速公路建成或在建，宜宾成为成都平原和三省交界地带商品出川水陆联运港口，“三省枢纽”的影响迈向一个新的高度。

新世纪的宜宾位于成渝经济区中“沿长江发展带”的西端，同时又处于西南丝绸之路的桥头堡地位。在可以预见的未来，随着大湄公河次区域经济合作的展开，云贵高原特别是云南省将迎来一个崭新的发展高潮，它必将与最近的成渝经济区连通，从区位优势来看，这个连通点的最佳选择就是作为三省枢纽的宜宾。成功与否，就看宜宾如何把握这个千载难逢的历史机遇了。

"搬不完的昭通 / 填不满的叙府"初考

刘大桥　中国作家协会会员、四川省文艺评论家协会顾问

摘　要：本文依据《明史》《清史稿》《叙州府志》（光绪二十一年版）、《宜宾县志》（嘉庆十七年版）等官方典籍，考证"搬不完的昭通，填不满的叙府"这句谚语的出处和时间，同时揭示昭通与宜宾两地在产品生产和商品贸易中的某种特殊关系和繁荣景象。

关键词：宜宾；昭通；交通；商贸往来

"搬不完的昭通，填（斟 / 塞）不满的叙府"在四川的宜宾与云南的昭通是一脍炙人口的谚语，它表明和昭示了两地在产品生产和商品贸易中的某种特殊关系和繁荣景象。但它出自何时、出自何处却是众说纷纭。有的称它"自古而有"，有的称它"过去有"，有的称它"历史上曾有"，有的称"世有"，有的称"时有"，有的称"素有"等等（这些称谓大都见于宜宾与昭通两地近30年的官方文本和民间文本），甚至有人拿此句来证实宜宾与云南交往的历史应在"南丝绸之路"时期（唐宋年间）和"茶马道"时期（宋明年间）。本文依据《明史》《清史稿》《叙州府志》（光绪二十一年版）、《宜宾县志》（嘉庆十七年版）等官方典籍和其他杂件，说明"搬不完的昭通，填不满的叙府"不是"自古就有"的。

一　昭通、宜宾两地的地名沿革

先说宜宾。宜宾秦汉称"僰道"、梁称"戎州"、北宋中期改称"叙州"、明设"叙州府"至清。"宜宾"一称虽说在宋便有，但作为"州"与"府"的建置却是民国以后。从"叙州"到"叙州府"的历史是经历了从北宋后期、南宋一朝和元代一朝约260年，即宋政和四年至明洪武六年（1114~1373年）才完成了的。在明代之前，宜宾不可能叫"叙府"，如果说"叙州府"简称为"叙府"时，也是在明代一朝。即使这样，宜宾所谓"叙府"之称，只有700年历史。因此"填不满的叙府"一说也只有700年历史。

再说昭通。昭通古称"朱提"[1]。而

且“朱提”一地在明代的隶属关系、也就是它所辖关系不是云南而是四川，它一部分或一大部分本身就是叙州府所辖之地。《明史·地理志七》载“云南建置”共十三府三十七州，均无“朱提”，更无“昭通”。在《明史·地理志七》里四川南部的建置有“叙州府”“镇雄府”“乌蒙军民府”。“乌蒙军民府”的原注“与叙州府界”，表明此辖与宜宾交界。查谭其骧主编的《中国历史地图集》第七册即“元明卷”，其“乌蒙府”（“乌蒙军民府”之简称）即今昭通。这还不是今天昭通的全部辖地。在“镇雄府”辖地里共有五个长官司，其中的“威信”长官司便是今昭通辖地。由此推论，今日的昭通即是明代的“镇雄府”与“乌蒙府”的集合（或全部或大部）。不过这两府领地在明是四川所辖。谭其骧主编的《中国历史地图集》也是这样表明的。“曲靖（府）”以下才由云南所辖，而“朱提”一地却是叙州府所辖。据《叙州府志·建置·朱提县考》称：史有东、南、北三朱提（据《南齐书·地理志》“皆在叙州府境”。《叙州府志·建置·朱提县考》也表明了此地的方位，称“朱提郡县在叙州府宜宾县西南”。这说明，今天昭通的一部分在明代还是叙州府宜宾县的辖地。

那么，“昭通”是何时得名的呢?《清史稿·地理志二十一》“云南”篇记：雍正五年（1727年）“以四川乌蒙、镇雄二府来隶”；雍正九年（1731年）“改乌蒙为昭通府”。这两处记载表明：（一）现今的昭通地区是280年前才由四川划给云南管辖的；（二）“昭通”一名的历史不到280年！也就是说，“搬不完的昭通”称谓的历史不足280年！

因此，“搬不完的昭通/填不满的叙府”一说，既不是“素有”，更不是“自古就有”，雍正九年（1731年）“改乌蒙为昭通府”[2]一句便是“铁证”。

二　宜宾、昭通两地的商贾往来

昭通在明一代隶于四川，因此宜宾——昭通两地的商贾往来便不存在省际之间的交往。两地省际之间的交往是从清雍正九年（1731年）以后才有的事。但是，即使是省际之间的交往，并不是一开始就会出现一地“搬不完”而另一地“填不满”，这需要至少三个条件：（一）人口和货物应是滋长与繁茂；（二）要有一定规模的交易集市；（三）要有较为良好的交通。如果说是现代商贸，还需从以货易货的原始交易中走出来，即要有金融的汇兑平台。

先说清一代两地的人口与货物。《清史稿·食货志一》说：“四川经张献忠之乱[3]，孑遗者百无一二。”这表明，当时的四川土著几乎已经死光——百人（户）之中仅存一二人（户）呀[4]！但至少可以说明，四川在清初由于人口稀少，物产的丰盛和商贸的繁荣是无论如何都不具备的。即使到了十八世纪初，这种情况也没有实质性的改变。《清史稿·食货志一》有这样一段记载：康熙五十一年（1712年），由于四川的赋税征收太差，时任四川巡抚的年羹尧上书言"四川钱粮原额百六十一万两，现仅征及十分之一"，因此建议朝廷重新立"劝征法"。结果，朝廷在府论这事时，御史段曦上疏驳之"川省经明季兵燹，地广人稀…不必另立征法"，只需重新清报人数，按人数征及。于是最高当局接受了段的建议（"上从之"）。这一历史表明，四川由于人口稀少，其物产也不可能繁茂；物产不可能繁茂，那么交易也就不可能繁荣。由于雍正开始实施的"摊丁入亩"[5]政策的推行，极大地繁衍了人口[6]。从乾隆四十一年（1776年）叙州府的88万人，至宣统二年（1910年）的134年间就发展到了300多万人！

再说商贸交易的场所。所谓"填不满"，即表明宜宾作为一个商贸的省际区域中心的地位和声誉。但它不是自古就有的，而是在清中后期才形成的。宜宾的建城史可以追述到秦汉，但是在今三江口处建城是元代才开始的，大规模的建城是从明初洪武年间进行的。在屡经战乱后，今宜宾的城市重新（或新建）是清雍正十年（1732年）（真是巧合，乌蒙改为昭通是清雍正九年）的事。当时廷尉邓时敏专门为此写过一篇题为《叙州府修城记》[7]的文章，以记修城的盛举与盛况。到了嘉庆十六年（1811年）叙州府城门在原来的基础上再次重修。在《叙州府志》里就说六道城门：东曰"丽阳"、东之南曰"合江"、南曰"七星"（俗称"小南门"）、南之东曰"建门"（俗称"大南门"）、西曰"文星"、北曰"武安"。因此赞道"六门城楼，即状且丽，巍然焕然，望之如云"！也就是说，宜宾的城市建设在短短的六十年间，已经发生了翻天覆地的变化。

于是才有了嘉庆版的《宜宾县志》对宜宾商贸"水陆交汇，贸易四达"的高度评价！在这句描述与评价的后面，《宜宾县志》还有一句记述："其各省局钱，俱与宝川局钱一例通用，价值并无低昂"。第一句表明了宜宾在乾嘉时期尤其是嘉庆以后，即十九世纪以后，作为省际贸易的节点和"热市"的地位是不容置疑的（下面将有这方面的事例说明）。而这一评价也是宜宾人为自己的历史沾沾乐道的地方。但是，我们往往忽视第二句（很少有人引用这句）。殊不知，是因为有了第二句才有了第一句描述的。第二句的意思是说，在当时的叙州府，其贸易所需的重要条件之一的金融已经很先进很发达了。"各省局钱"在宜宾不仅可以通用通兑，而且全部建立在公平等值的基础上。这样一种状况，其实与当时在金融方面显赫一时的"晋商"与"徽商"的交易差不多了。在宜宾进山货（大宗或珍贵山货主要有三：一是山药、二是木材、三是虎骨）的商人来自中国的四面八方。据传，在光绪年间，一上海商人担一箱银元来到宜宾县横江长住了下来，只买虎骨和山七，而且要把带来的一箱银元（一百斤）买光为止！[8]

再看交通。在光绪二十一年（1895年）的宜宾城区图中，在金沙江畔已标有"走马街"（不知何时又把它分为"上下走马街”）；在民国三十二年（1943年）的宜宾城区图中，在岷江江畔标有“交通街”。前者表明了宜宾在清中后期马邦的繁荣；后者则表明宜宾进入民国时，近现代交通的繁荣。清后期至民国年间，往南有两条重要通道。一条叫“叙昆大道”。此道从叙州出发，经南广、月江、高县、筠连、昭通、曲靖、昆明到大理，这条大道沿袭了宜宾往南的古道（在秦叫“五尺道”、在汉叫“唐蒙道”、由于茶马互市在宋明叫“官马南路”）的路径。另一条叫“叙黔大道”。从宜宾出发，经南广、月江、龙头、红桥、古宋、叙永（清时称永宁）、毕节到贵州。不仅如此，宜宾依靠金、岷二水的便利建立起来的水运，在清末民初更加发达。光绪二十六年（1900年）、二十九年（1903年），英国机动轮船“山鸡”“山鹞”“威瑾”“体尔”等先后停驻东门和春畅坝——这是外国机动轮船进入中国内河最远的记录！可以说，它开创了宜宾与外界交通的新纪元！

也许，从此民间便有了“搬不完的昭通／填不满的叙府”的民谚。

由于宜宾三江汇合，腹地深广，加上它是川、滇、黔结合处最大的城市，进入清末民初时，宜宾真正成了“水陆交汇，贸易四达”的地方和榜样。我们知道，明代的朱提、东川[9]（今昆明市东川区）已经是产银和产铜的地方[10]。据考，乾、嘉60年间，到昭通乐马开采、冶炼“朱提银”者，达10万之众。因此，宜宾除了接纳滇、黔的大宗山货和珍贵药材外，还要接纳云南的矿产。金沙江边的“滃关”码头，作为老五尺道的延伸和遗留，依然在明清两朝发挥着极大的作用，即“滃关”是盐津而下的关河入金沙江，宜宾成为了它的终点（云南下四川）和起点（四川上云南）。但“滃关”在清后期并不叫“滃关”而叫“铜关”[11]。据说，“铜关”码头就是专门修来转运云南下来的铜产品的。到了民国年间，宜宾与滇、黔的交往更加密切，交易日益扩大。据《宜宾市志》（1992年）载：宜宾城区的茶叶年交易达100000担（民国二十六年）、山药年交易达88300担（民国二十六年）、草席年交易达27500张（民国三十八年）。民国三十三年（1944年），仅仅在南岸的青草坝（今下渡口）一带，马店就有12家，每天宿马达上千匹。由水运（包括陆运）、水码头生长和发展进来的水码头文化成就了宜宾上个世纪二十、三十年代商业文明，于是商会、行会便如雨后春笋般生长起来。所谓“填不满”即表明在整个清后期和民国年间，叙府作为川、滇、黔省际之间的贸易中心的事实。基于此，受经济的发展和省际贸易的必然趋动和要求，与此相关的经济组织和社会组织也就应运而生，既有经济意义、也有政治意义的哥老会（今四川、重庆地区又称袍哥会）在宜宾就极为发达。如沿岷江上溯的乐山、蒲江、新津、双流、成都等地的袍哥会就与宜宾本土的袍哥会一起组成了“宜寿会”这样的跨区域的哥老会联合体。名为“德叙公”的本地袍哥会沿长江向下发展，甚至把自己的触角伸入到武汉、上海这样的大都市。各种各样的商帮和行会依据不同的势力范围便在宜宾城间跑马占地。东门（今水东门一带）的王爷庙（已毁）是岷江沿途各行商会总馆；大南门（今大南门冠英街一带）的王爷庙（已修葺）是下航长江的船工会馆；城中心（今商业街大观楼一带）的王爷庙（已修葺）是席、竹、木、山药帮的会馆。

从上面我们可以得出这样几个事实：（一）宜宾自元（十三世纪）重在三江口建城起，到清中期宜宾城区已具规模（即今天老城区的规模）；（二）宜宾的商业繁荣是在乾、嘉时期，特别是在嘉庆时期形成；（三）宜宾的商贸在进入清末民初以后，不仅继续了清后期的商业繁荣，而且拓展了长江中下游的市场；（四）"叙府"一词来历不会早于明中期。北宋中后期，改"戎州"为"叙州"。元置"叙州路"，明改"叙州路"为"叙州府"，清沿明代续置"叙州府"。显然，"叙府"一称是因"叙州府"所来；（五）"昭通"一名不是自古以来的古名，而是雍正九年（1731 年）才有的地名。因此，在我看来，"搬不完的昭通，填不满的叙府"[12]的出处和时间大约应是：

（一）它不会早于 1731 年，因此它与"南丝绸之路"并无太大关系，甚至与"茶马古道"的关系也不密切。《明史·食货志四》说，明沿唐宋"行以茶易马法""设茶马司于秦、洮、河、雅诸州"。可见，当时叙州并无官方茶马司。《明史》虽记"永宁"（今叙永）"筠连"产茶著名，但《明史》清楚记有，此地"商贩未尚出境"。因此在《明史·食华志·盐法、茶法》里准确记有，叙州府与滇、黔商贸交易主要是以盐为主的[13]。到了清康熙平藩之后，由于国内安宁，军马也不再是必需物品，原来的茶马互易完全失去了原来的功能，"茶马古道"由此衰败。

（二）它不会在人口尚不众、物产尚不盈的清中前期在民间中产生。

（三）据上文的简要梳理和考证，"搬不完的昭通 / 填不满的叙府"这一民谚大约出在清后期或民国前期。笔者翻检宜宾市档案馆里所存不多的民国三十七年、三十八年（1948、1949 年）的宜宾本地报纸，均未见这一民谚。就笔者所知，此民谚的正式出处和时间是 1983 年始编写、1991 年出版的官方文献《宜宾县志》[14]。

注释

[1] 秦李冰开凿僰道延伸至建宁（今曲靖），史称"五尺道"。西汉建元六年（前 135 年），汉武帝重开"南夷道"。为扩大中原与西南边远地区的经济文化交流，设朱提县（郡），昭通首次被纳入中央政权的管理之下。自西汉建元六年至唐天宝年间（八世纪中叶），昭通以"朱提"冠名。

[2] 清入关建政后，大力推行"改土归流"取得实绩时，清官员鄂尔泰认为应"变蛮夷渊薮而为文物之邦"，但"蒙而不通"，因此应"昭而通之"。于是上"诏改乌蒙府为昭通府"。

[3] 十七世纪四十年代。

[4] 当代的研究，并非完全如此。

[5] 雍正实行的改革。将人丁税摊入地亩，按地亩之

多少，定纳税之数目，地多者多纳，地少者少纳，无地者不纳。没有了“人头税”，人也就繁衍了起来。

[6] 叙州府（包括富顺、隆昌）人口变化：（1776）88.1 万 /（1795）130.1 万 /（1820）176.9 万 /（1910）304.9 万（曹树基《清代中期四川分府人口》）。

[7] 嘉庆版《宜宾县志·艺文志》。

[8] 此说据市方志办朱定欧先生。

[9]《清史稿·食货志·矿法》。

[10] 东川府在明代也属四川所辖。

[11] 光绪二十一年叙州府宜宾城区图。

[12] 与之相关的民谚、民谣有“四川上云南，上山一百四，下山一百五”等。

[13]《明史·食货志四》曰：明中央政府设“盐课提举司”共七，其中即有四川一司。

[14] 1992 年出版的《宜宾市志》均持“俗语”说。

清代民国时期川滇边匪患与南丝绸之路

——以宜宾、昭通为例

凌受勋　宜宾广播电视大学教授

摘　要：清代、民国时期，经过川滇边到达缅甸和印度的南丝绸之路呈现出全面复兴的状态，但川滇边匪患却严重地危害了南丝路上客商和沿线住民的生命财产安全，制约了南丝路的畅通和沿线城乡经济的发展。清代经过川滇边的南丝路部分路段因匪患而一度封闭。民国时期匪患蔓延，对南丝路和沿线城乡形成了进一步的危害。民国时期，当局对匪患治理不力，使南丝路上的客商和沿线住民不得不转而寻求自我保护，川滇边商民、商团、民团和广大民众合力“保商”“护商”，遏制了匪患，为南丝路的畅通和繁荣、南丝路经济带的形成和中国西部经济的发展做出了不可磨灭的贡献。

关键词：清代民国时期；川滇边匪患；宜宾；昭通；南丝绸之路

“土匪”一词，自古有之，《辞海》中解释为“以聚众抢劫为生，残害人民，或者窝藏盗匪，坐地分赃的分子”[1]。清代民国时期匪患严重，这是一个无可回避的历史事实。政治上的战乱、经济上的困苦、社会的极端不公、为富不仁等原因，使一部分社会成员脱离了正常的生活轨道，铤而走险，终为匪患。清代民国时期，经过宜宾、昭通的南丝路呈现全面复兴的状态，土匪自然会觊觎这条流动着财富和物资的驿道。清代经过川滇边的南丝路部分路段因匪患而一度封闭。民国时期匪势蔓延，对南丝路和沿线城乡形危害进一步加深。

一　清代川滇边匪患对南丝路的危害及清廷为保障南丝路的畅通采取的措施

清代民国时期，经过川滇宜宾、昭

通的南丝路呈网状分布，其中有4条干线尤为重要：从南广出发经珙县王家，从宜宾城出发或经筠连塘坝、或经筠连蒿坝、或经宜宾县新场进入云南的路段。云南地方文献《昭通等八县图说》论及川滇边匪患时道："壤接川黔，盗匪充斥，山深林密，剔治颇难。"[2]"清末匪巢原在川境，伏窜排山山脉一带，仅为劫径夜劫，鼎革后，据窃石城山燕子坡一带，掳人勒赎，扰及大道，然尚在边境也。今乃深入梨山脉一带，超越包围绥江、盐津两县，充斥大关全境，蔓延井桧，永善、牛街、威信各地，劫镇攻城，时有所闻。该各属山深林密，剿捕綦难。"[3]这是清代民国时期川滇边匪患的真实状态。

（一）清政府疏通因匪患而一度封闭的南丝路镇雄段

1. 咸丰末、同治初，南丝路经镇雄段因匪患而一度封闭。从南广出发，取道水路经庆符县城至罗星渡，转陆路经王家达镇雄；或从宜宾城出发，陆路经赵场、来复渡、庆符、高县、筠连县城、巡司、武德、蒿坝、牛街至镇雄的驿路，是呈网状结构的南丝路的重要干线。清末，与叙州府紧邻的昭通、镇雄饱受兵匪困扰。咸丰十一年正月，"有宣威散勇浦匪率千余匪人托名下川贸易，宿（镇雄）东门外油榨街。甫到即行街掠，州城关闭防守，该匪烧掠附近居民，烟雾蔽天"；同治元年，"土匪之横踞者如胡正墙，李开夹、青满大、刘瘦人、刘短搭搭、漆老新、吴幺强盗、吴三千碎、张五乡约、艾五乡约、艾大五等，与不知名者不下百余股"[4]。同治三年，与镇雄接近的贵州猪拱箐苗民首领陶三春起兵反清，战乱使通过镇雄的南丝路一度中断，至使"土匪啸聚，万民流离，目不忍视，惨难言状""连年贼匪充斥，肆行滋扰，民既遭害，田尽荒芜，间有一二栽种之，收成时复被贼匪抢去，以致饥困交迫，穷民大半，多为匪收掳殆尽，粮户转可成贼""巨匪明新大、漆新大等，一扎威信之雨洒河，一扎彝良之猴街子，大伙盘踞，危害尤甚，逐日攻营劫寨，到处抢牛夺马，复又勾结朋党，分地驻扎，一州不下数十股，每股不下二三百人，种种匪类，遍地皆然，此彝良、威信、牛街等处之实在情形也""其附近州城百余里，股匪啸聚，道途梗塞，内乏粮稍，外多旷土。迨于距城二百里以外羊场地方，贩卖粮食，转被安家山、五眼洞，轿子山、木椿沟等处劫匪随路抢劫"[5]。本应经过这一路段的商客，不得不绕道其他三条干道，或经筠连蒿坝至牛街、彝良、昭通，或经筠连塘坝至盐津、昭通，或取道关河下游，经宜宾县捧印、黄泡嘴、新场、滩头、普洱渡至盐津、昭通（图一）。

2. 对经镇雄的南丝路段的疏通。清廷对临近镇雄的贵州猪拱箐苗民进行了镇压，同治六年攻克猪拱箐苗民大营，平息了战乱；又将弃镇雄城而逃的参将张兆绥斩首，处罚了失职的官员[6]。时任镇雄知州李延忠，"就近先与镇雄连界之四川筠连、高县等处熟商会团，以期不分畛域合力围剿，飞谕州属各路团

图一　清同治年间为防匪而建的凤西李家寨寨门

丁，听候调用”“抵州属牛街……一面雇募劲练，一面挑选精壮团丁，计共千余名，业已统带前进。”[7]李延忠“得将牛街、威信、彝良及靠近州城各土匪次第办清”[8]，在红岩沟、杉树坝民团的配合下将巨匪明新大、漆新大、漆维新、王驼子、王大嘴等剿平[9]。

清廷又严饬四川永宁、高、珙一带，镇雄、毕节地方文武及边防各军，“扼要严备，相机兜剿，无令阑入，将此由五百里各谕令知之”[10]。

3. 与道上匪患重灾区相邻的筠连县当局小心防范，以保障南丝路筠连段不至梗阻。清同治十一年（1872年），筠连县令程熙春到任后“亲赴各乡，挨户调查，以清内患，至烂泥坡，时有滇匪劫高（县）属之蒿坝”。程熙春得报后，“麾卫队疾驰前进，贼闻风回窜；是冬邻封劫案累累。新正元宵，民闻让吉，有奸细入城中为内应，公亲出弹压，传令保甲严密巡查，至晓寂然。而治北海瀛，彻夜行人不绝，公曰：‘贼之巢穴必在滇高（县）交界之兴隆场板凳山一带。’随遣人往探，竟无确耗，缘居民从贼者不肯言，畏贼者又不敢言，于是选卫队之机变者，许以重赏，伪为投贼，始知贼踪迹诡秘，约期二月二日，会集道上新场各股众，皆数千人，有大举入川之意。公曰：‘贼料我兵不能越剿，若旦夕大兵乘直至，彼众未集合，势必不支，可坐收检斩之力。'随与振武军议出师，并移知大关王游戎，带兵会剿。时贼于二十六日陷蒿枝坝萧子安寨堡，势张甚。二十八日官兵驰至，贼大惊遂弃寨逃遁，追击俘斩甚众，公带团助剿，生擒贼目林泗海，及其余党二十余人，正法首逆朱启尘、马和尚二名，亦俱就戮。"[11]

（二）保障南丝路关河下游线路的畅通。

从宜宾城出发，陆行经安边、横江、捧印、新场、滩头、普洱渡、盐津、大关和昭通的驿道是南丝路的干线。清末，"(关河)下游一带，棒匪结队，白昼持枪横行，劫市抢家，烧杀拒捕，暗无天日。良民寝食惊惶，不胜其患。彭厅主严刑惩办已历七年，而匪徒出没无常，终无肃清之日。"[12]

燕子坡是关河匪患严重的地段。官军对双龙黄伏村黄泡嘴至燕子坡古道附近的土匪进行的清剿，维护了古道的安全。光绪三十三年，黄泡嘴士民为参加剿匪的官军符姓哨官立了刻有"除匪安民"字样的德政碑[13]。

保障罗星渡、经洛亥，至云南长官司，或经洛表、王家至云南黄水河、扎西、镇雄的丝路畅通。

光绪年间，洛亥与扎西交界处的郭家坟土匪活动猖獗，危害洛亥、罗星渡、洛表、王家南丝路段，道上商客和场镇常被劫掠。四川布政使派官军征剿，官军大队至郭家坟一带，匪已逃遁；待官军一离开，匪情又重新出现。如此反复出现多次，剿匪毫无结果。叙州府指派罗星渡王武寨苗民自卫队队长陶富华去肃清郭家坟土匪。陶富华奉命率领有百余人的苗族火枪队，以打猎为名进入郭家坟一带，摸清匪情后，采取各个击破的方式，在半年内肃清了郭家坟的土匪。陶富华亲自到叙州府报捷，叙州府将陶富华平息郭家坟匪患的功绩上报川省总督衙门。光绪二十五年，总督衙门赐陶富华六品顶戴，发给一等功牌，并奖赏宝刀1把。光绪二十七年，来珙县剿匪的官军统领岳某被罗星渡匪首袁久丰杀死。陶富华奉命将袁久丰擒获押送叙州府，总督衙门赐陶富华为五品官，并送宝剑1把。陶富华的苗团平时只有四五十人，由县拨给军饷，有匪情时人员增至三百余人，对保障南丝路畅通发挥了巨大作用[14]。

二　民国时期匪患在南丝路上的蔓延

周谷城在《中国社会史论》中谈到：民国创立后，"遍全国，无一省没有盗匪的；一省之中又无一县没有盗匪的；一县之中，又无一乡镇没有盗匪的。"[15]民国时期匪患蔓延，可以说通过宜宾和昭通的南丝路无任何一段不存在土匪骚扰。土匪对南丝路形成了比清代更严重的威胁。

1. 宜宾城至丰乐乡（塘坝）段

筠连县城。清末民初匪警频传，而以民国六年最为惨烈。"三陷县城，十更知事"。民国七年，县城再次为巨匪彭久林攻陷。丰乐乡（塘坝），"民初大乱，场被劫数次”，区团总詹志沅及其侄万夫，队丁二人遇难。海瀛乡，“迨民初，全乡皆匪”。匪首黑财神盘踞海瀛、陈村、罗场等地，匪首萧方、翁海云、周海廷常出没于宜筠大道，匪首王益三、汪克勤、李光国、彭九龄骚扰海瀛，危害甚烈[16]。双河乡，民国成立，地方小股匪徒随之滋生，且人数逐年增加。“自民初至七年，匪徒发展至十余棚，计约千人”“至民国七年尤甚，萑苻遍地，行人裹脚”[17]。廉溪乡，“民初大乱，盗匪如林”“而以毗连滇边，防剿两难”，民国十七年、二十七年、二十八年、三十五年场4次被洗劫[18]。

海瀛是宜宾城至塘坝、盐津大道上的咽喉要地。民国十四年，匪首陶树青等常扰乡境；民国二十五年、二十八年匪，首李栋梁两次率众“洗”场；民国二十七年，滇匪邓兆龙、段少堂、马清和等经常骚扰；民国二十九至三十年，匪首曹蜀南有人枪数百，盘踞高县龙潭乡，常出没于驿道上；民国三十三至三十四年，匪首杨永芳，人枪约六十，盘踞高县杨田乡，常窥伺海瀛道上，伺机抢劫；民国三十五年，匪首蒋树请常在火井口抢劫行商；民国三十六年，匪首萧一林在海瀛抢劫[19]。

2. 筠连至蒿坝、牛街段

下墩乡，民国元年张云峰、刘金标匪部“出没乡境”；民国六年，县城匪首吴福婆子、邓瞎子率众在乡境内抢劫行商；十九年，高县芭茅塘匪首李万城在乡境道上抢劫；民国二十八年，高县三角湾匪首唐万顺骚扰本乡[20]。巡司乡，民国二十七年大乐乡被匪抢劫，巡司出动堵击，损失枪械二十余支；民国三十年，匪首曹万顺陷场，直逼乡公所[21]。大乐乡，民国二十八年，落沫柔、蒿坝等地匪首曹修民、萧四朝、黄及安等纠集匪众二百多人，忽然攻进大乐乡公所，大乐乡公所内除大乐乡乡丁外还住有县自卫队一班人、巡司剿匪队三十余人。大乐、巡司乡丁殉难12人，损失枪七十余支。民国三十四年，牛街匪首李德兴部约五十余，常在上桥头一带抢劫行商[22]。龙塘乡，民国七年，在龙塘乡活动的小股土匪（每股二三十人）发展到十余股[23]。

3. 以筠连大雪山为中心的“匪区”

大雪山是川滇边境乌蒙山脉的北段，横亘川滇两省筠连、珙县、镇雄和彝良，面积近300平方公里，主峰在筠连棉堡乡，海拔1772米，覆盖松、柏、杉、红枫、珙桐等成片的原始森林和丛生的罗汉竹、水竹、楠竹林。往云南的丝路至此一分为三：经高坪、蒿坝，至牛街达镇雄或彝良、昭通；经红岩沟、老母坎、也可达牛街；经水冲坝、三岔河、四里坡，达镇雄或贵州毕节。但无论往哪个方向走，傍晚时抵达落木柔的客商均需在落木柔住下，因为无论从哪个方向走，前方就是极其危险的匪区棉堡乡。零星客人或于第二天由护商队护送“打组”通过，或采取更稳妥的办法由相关闻人“拿言语”，交买路钱后通过。民国时期盘踞大雪山的“绿林”有三：处于大雪山棉堡乡核心位置的朱林武、控制王家场四里坡的邓凯和控制平寨至镇舟河道的赖维祥。其中朱林武活动的时间最长，为整个民国时期。朱林武曾率部抢劫过王家、大落瓦和镇舟等川边场镇，也曾集中三四百人抢劫了南丝路上的重镇云南牛街、罗坎关和大弯子。

4. 珙县隘口、罗星渡、洛表、洛亥、云南郭家坟、长官司段

民国初，在珙县隘口至云南长官司一线有云南郭家坟殷吉祥、殷吉奎，珙县石碑乡陈大眉毛（陈大顺）聚众抢劫，每个团伙数十人。民国三年，殷吉祥、殷吉奎被川军击溃，残部大多由陈大眉毛收容，再加上收容云南镇雄张二拐子溃匪一部，陈大眉毛团伙达到三百余人。民国十一年，陈大眉毛匪部发展到约千人，其抢劫范围扩大到隘口以北的珙县场镇、兴文、扎西、叙永、古宋等地。民国十二年，乘泸州空虚之际，陈攻进了泸州，驻军回防，陈又退回了石碑。民国十三年，陈大眉毛部抢劫了罗星渡盐号。民国十三年，陈大眉毛集合部众在隘口设伏，欲抢劫道上云南帮的一百多挑山货和鸦片，因对方防范严密，未遂[24]。

5. 横江、捧印、黄泡嘴、新场、滩头、普洱渡、桧溪段

民国《盐津县志》记载：民国六年土匪"乘隙遍扰乡镇，枪家勒赎，杀人越货全县骚动"[25]。"民国二十四年川匪侯连三、彭癞子、陈三粮户等，在文星乡'肆行抢劫，出没于滩头各地'[26]。"民国三十二年保隆乡落雁场、镇东镇滩头场，匪帮崛起，道途阻塞，附近地带劫掠不已"[27]。口述实录提供民国时期捧印场三次被土匪"哈场"抢劫，土匪白天混进场来摸清情况，在欲抢劫对象门上做记号，晚上认准做了记号的人家抢[28]。普洱渡沙湾、黑龙江槽沟、桧溪等地经常发生抢劫零星过客事件[29]。

三　民国时期维护南丝路的畅通和客商安全的"保商""护商"

民国时期，南丝路上匪患深重，最有效的治理措施是将其彻底剿灭，但民国时期执政当局不可能完成这一历史重任。当局对匪患的治理不力，使南丝路上的客商和沿线住民不得不转而寻求保商自救。商民、商会、民团及沿线民众合力保商、护商，维护了南丝路的畅通和客商的安全。

（一）道上客商，深受匪害

口述实录和地方文献提供的以下典型案例反映了行走在南丝路上的个体客商生命财产得不到基本保障的事实：民国二十一年，筠连平寨织绸坊主李舟清兄弟二人租了一匹马，驮着丝、绸（价值1千多银元）从平寨，经镇舟、出落木柔，往云南去。行至筠连大雪山棉布埂，仗着年轻，又是两个人，没有随着大队一起走，就遇到了土匪。土匪把他们的眼睛用黑帕子蒙上，把货和盘缠钱全抢了去，稍有言语不满，即被殴打，遂不敢再出声[30]。民国三十年，高县沫爱商人曹云卿、周建成和张国厚收购150驮蚕丝（价值1万银元）从沫爱出发，经蒿坝、牛街至昭通途中，在云南彝良

县猫猫山被栗大统、栗大粟股匪以检查为名抢劫一空[31]。民国三十四年，筠连塘坝商人王忠富在绥江至昭通道上的桧溪罗汉坪被杀死[32]。而场镇商户也是他们重要的抢劫对象。这些商人或损失足以让他们倾家荡产的财物，或因此而丧失生命。

（二）商会保商，应运而生

民国初，叙府各县保商队应运而生，由商号自行与其联络保商事宜。民国二年，宜宾县商会成立“宜宾县商团”，共六十余人。民国五年，“宜宾县商团”改名为“叙属保商队”，总计300人（枪）。保商队固定编制开支由商会统筹统支，商会对出口货物抽收保商费，全年收入近两万元。第一队护送宜宾至乐山沿线，第二队护送宜宾至盐津沿线，第三队护送宜宾至镇雄沿线[33]。由于战线太长，兵力分散，而匪徒抢劫动辄成百上千人出动，因此“保商”实杯水车薪，难以应付。

（三）民团保商，商民双赢

民团是民国时期社会动乱背景下产生的准军事化社会控制组织。乡村团防组织“以民为团”“守望相助”“乡村自卫”，一致防御匪患，在保商、护商，维护南丝路畅通方面发挥了重要作用。在南丝路沿线乡镇，民团配合地方当局完善了防御体系，一些匪患严重的地方在原来开放性的市街增设了寨门。如筠连海瀛于民国二十年在遭受两次土匪洗劫之后，建起了三道寨门和寨墙（其中北寨门至今犹存），在乡镇中心位置建起了三层楼的印子（碉堡），印子四周设置了瞭望孔和里大外小的枪孔，碉堡里储存了枪支弹药。筠连塘坝场在民国时共建有4个碉堡，除北岸上油坊旁的一个外，其余3个皆在东岸街上：上场口、乡公所和下场口油坊旁各一个。场外修建了栅子[34]。宜塘道上：海瀛民团于民国元年擒杀匪首余二海子、邓安等人；民国三年擒杀匪首郑伯恒、吴二顺；民国五年击溃罗德华匪部，得前膛枪8支。民国七年，团总陈道文率丁及滇军一个排协击高县羊子田股匪。民国八年擒杀匪首余顺江、李二娃。民国九年擒杀匪首陈德会等[35]。双河乡，民国七年地方团练击毙大小匪首十余人，匪徒三十余人[36]；中城镇，民国十一年警卫队击毙巨匪罗耀云，民国十三年刘少甫、何竹勋率队击溃巨匪陈大眉毛[37]；丰乐乡，民国二十八年、二十九年各击毙匪首1名。民国三十六年匪窜钟家湾，击之，毙匪3人。民国三十六年与县警中队及双河、龙潭、巡司等乡协剿匪首秦书易于老君山，将其围于丰乐乡小溪沟，后将其赶出川境[38]。筠连至蒿坝、牛街段：下墩乡从民国元年起击杀来乡境内道上抢劫的匪首张元泰、吴福婆子、邓瞎子、李万成。捕获匪首刘金标、李万成，将匪徒抢劫到的货物夺回，追还原主[39]。巡司乡，民国三十四年，击毙来劫场的匪管事蒋叔华[40]。民团的这些举措，有效地保障了道上客商和场镇坐商，及住民的安全，保障了南丝路的畅通。

民团保商是南丝路保商体系中重要的一环。喜捷李国卿（图二）从民国

图二　1920 年宜宾县喜捷李国卿破土匪盘据的岷江畔“丹江碧水”上的古寨

十八年起任宜宾县第五区团总，辖 4 乡（思波、喜捷、高家、真溪乡）、4 团（成城团、固城团、庆星团、玉龙团）。李国卿除掌握喜捷和蕨溪两个建制大队外，还有 1 个手枪队和宜宾县护商大队第四中队 3 个连，实际掌握 1 个团的兵力。二十世纪初，岷江一带水陆交通皆受制于土匪。李国卿联合嘉定叙荣乐袍哥大爷张荣川保商，包括民生公司运棉纱木船的上下船只得以安全通过岷江航道。不仅商旅请保，连来叙府、嘉定的外国人也请派兵保护。美国学者葛维汉（华西协合大学博物馆馆长）常来往于成都和叙府之间，即为常请保之人[41]。横江肖席珍民团鼎盛时期达两千人（枪），为通过横江河谷和宜塘路的客商保镖。曾保茂恒商号 1 千多背货物从云南运往宜宾，在高县罗场先行伏击了欲抢劫商队的肖天方匪部，把货物完整无损地运达目的地[42]。民国二十八年，江瀛洲任津关大道护路队大队长，该大队下辖 11 个分队，三百余名队员，分住盐津、两碗、新滩、吉利铺等要隘，保商护路[43]。

应该指出的是，在保商中，民团与道上商客的利益达到了高度的一致，二者配合默契，彼此尽心竭力。喜捷团总李国卿在岷江上的保商活动，受命于军阀刘文彩，保商利益的最大受益者是刘文彩。但李国卿也从保商中得到巨大利益，成为巨富。李国卿位于李家坡龙崩槽的住宅大兴土木，十年修成雏形，耗资白银 13000 两[44]。因保商的成效，肖席珍获得了茂恒商号的认可，仅一次就得到筠连茂恒丝厂一年利润 140000 元的馈赠，肖用来建造了横江标志性的建筑肖公馆，至今仍屹立在关河畔[45]。民国三十年，盐津县创办卫生院时，津关大道护路队大队长江瀛洲个人即捐资 30000 元[46]。邓氏三代任民国时王家乡团总，到民国后期第三代邓玉伯收田租 1 千余石，成了王家乡盖乡绅粮[47]。南丝路沿线民团纷纷参加保商、护商，从府河犍乐盐场至南广，再至滇边一线，就有麻柳场张荣川、泥溪张显光、府河彭国华、喜捷李国卿、南广马步云、庆符李华封、洛表李正武、张华中、唐拔元等江湖闻人当上了团总，形成了保商、护商的链条[48]。

（四）强化保甲，百姓抗匪

民国初，古宋地方文献《戊午匪患纪》分析民国初人们在匪患面前一盘散沙的心态：匪起时“办团务，清户口，严捕缉，守望相助，群策群力，匪犹易治也。乃不此之图而反因循自误，各存私念，严分畛域，遇邻里有警则曰：‘闭门勿动，毋触匪怒，或能容民而免祸殃也。’邻区有警，则亦曰：各保疆界，毋触匪怒，免遭劫掠，如匪利其然矣，于是抢此家则扬言恫吓曰‘彼区不相干，勿自惹惩罚，否则图报复也！’于是辗转劫夺以渐而及终无幸免者，匪因以愈盛。”这种心态于抵御匪患极其不利。

面对愈来愈严重的匪患，为巩固抗战大后方计，四川采取了完善保甲制度的一系列措施。民国二十六年九月，四川省政府颁布了《四川省惩治窝匪暂行规则》，对包庇土匪，与匪分赃，知情不报等行为制定了较为严厉的措施。如第三条规定，“凡指挥匪徒抢劫、坐地分肥，及收纳匪徒，甘心作窝户者，均作死刑，并赔偿所失财物”[49]。民国二十七年十月，四川省政府颁布《四川省肃清盗匪惩奖规则》，对各县乡保区内的剿匪事宜制定了具体的惩奖标准，对“被劫地段本管保甲长及壮丁队长追捕不力，致匪逃逸者”，要给予保甲长及住户赔偿失主损失的惩罚。对“略劫案在一日内被劫地段内之保甲壮丁住户拿获正匪在三分之一以上者；救出被略人者，或正匪所在地段之保甲壮丁住户将正匪捕获者，除免于赔偿外得由县长核查酌奖”[50]。

保甲制度本身就是防范奸盗的重要工具。抗战期间，四川对保甲制度的完善促进了南丝路沿线的保商抗匪。民国二十八年十月，在宜宾城附近的赵场至双河场之间驿道上的灵官堂发生了一起枪案，许焰乡匪首邱马儿率匪徒四五十人，抢劫了无保商队押运的茂恒商号从腾冲经南丝路运而来的 70 匹马驮运的布匹后朝双河场白石岩方向逃窜。闻讯赶来的当地住民，敲梆，呐喊示警，就地开枪堵截，击毙了匪首邱马儿，击伤了另一匪徒，匪徒仓促间弃货狼狈逃窜。

这是强化保甲，自卫保商抗匪成功的一例[51]。

结论

清代民国时期，经过宜宾、昭通到达缅甸和印度的南丝绸之路呈现出全面复兴的状态，川滇边匪患却严重地危害了南丝路上客商和沿线住民生命财产的安全，制约了南丝路的畅通和沿线城乡经济的发展。土匪是以暴力掠夺和社会的对立物形象出现的群体，清廷针对因匪患而部分路段一度封闭的情况，采取了一些保障南丝路畅通的措施。民国时期，匪势蔓延，对南丝路和沿线乡镇的危害加剧。民国时期当局对匪患的治理不力，使南丝路上的客商和沿线住民不得不转而寻求自保。商民、商团、民团和百姓合力“保商”“护商”，遏制了匪患，为南丝路的畅通、繁荣，南丝路经济带的形成和中国西部经济的发展做出了不可磨灭的贡献。

（原文载于凌受勋著《清代民国时期南丝绸之路上的宜宾》第七章，文匯出版社，2018 年 3 月。有删减）

注释

［1］辞海编辑委员会《辞海》（上卷）第 1473 页，辞书出版社，1999 年。

［2］陈秉仁：《昭通等八县图说》，《昭通旧志汇编二》第 489 页，云南人民出版社，2005 年。

［3］同上，第 486 页。

［4］宋成基、陈维汉、雄焯勋：《光绪镇雄州志》，《昭通旧志汇编四》第 1172 页，云南人民出版社，2005 年。

［5］同上，第 1249~1251 页。

［6］［10］同上，第 1251 页。

［7］［8］同上，第 1249 页。

［9］同上，第 1249、1250 页。

［11］祝世德：《筠连县志》，《中国方志丛书·华中地方地方第 377 号》第 170、171 页，成文出版社，1976 年。

［12］陈一得：《盐津县志》，《昭通旧志汇编六》第 1803 页，云南人民出版社，2005 年。

［13］据 2016 年 9 月 6 日《华西都市报》刊载《宜宾现清代‘除匪安良’古碑，佐证符公剿匪安民》一文，并刊登残碑照片：宜宾县双龙镇黄伏村（横江至滩头古驿道上）发现一块破损的清代百年古碑，据测量，古碑为约 1.6 米长，0.7 米宽，0.1 米厚。古碑上刻有“除匪安良”大字，及“管带巡防副审□右哨符公德政”“光绪三十三年蒲月”“士 民 恭 记”等字。清末兵制以五百人为一营，设营官、哨队官及亲兵，分别队伍旂帜，申明号令。其步队营制，设营官一人，哨官四人，哨长五人，什长四十人，正兵三百六十人，营官亲兵五十人，哨官护兵四十人，营官自率中哨，凡五百人。此碑系为符姓哨官设立的德政碑，可见当时派出的是小股官军剿匪。此时路道当不至中断。

［14］韩朝亮：《苗族人杰陶富华》，《筠连县政协文史委 文史资料选辑》（第十二辑）第 86~90 页，1994 年。

［15］周谷城：《中国社会史论》（上册）第 295 页，齐鲁书社，1988 年。

［16］［38］同［11］，第 384、385 页。

［17］［22］同［11］，第 383、384 页。

［18］［23］同［11］，第 384 页。

［19］［35］同［11］，第 381、382 页。

［20］［21］［39］［40］同［11］，第 382 页。

［24］李诗文：《陈大眉毛》，《珙县文史资料选辑》（第二辑）第 103~108 页，1988 年。

[25] 同 [2]，第 1615 页。

[26] 同 [2]，第 1619 页。

[27] 同 [2]，第 1521 页。

[28] 凌受勋：《关河流过燕子坡之一：古道苍凉》，2015 年 8 月 4 日《宜宾晚报》。

[29] 凌受勋：《关河流过燕子坡之三：古道艰险》，2016 年 8 月 18 日《宜宾晚报》。

[30] 凌受勋：《南广河上的水码头平寨之三：平寨的织绸业》，2017 年 2 月 16 日《宜宾晚报》。

[31] 沐爱县志编委会《沐爱县志稿·人物志》（2003 年内部印行）第 81、82 页。

[32] 凌受勋：《宜宾人文地理 塘坝，丝路往南》，《创视纪》2017 年第 2 期第 26、27 页。

[33] 凌受勋：《清代民国时期宜宾的商业组织》，《宜宾学院学报》2017 年第 5 期第 83 页。

[34] 同 [32]，第 23、24 页。

[36] 同 [11]，第 382、383 页。

[37] 同 [11]，第 381 页。

[41][44][48] 凌受勋：《岷江上的水码头喜捷之三：保商团总李国卿传奇》，2017 年 8 月 31 日《宜宾晚报》。

[42][45] 罗文惠：《肖席珍简史》，《宜宾县文史资料汇编》（第二卷）第 64、65 页，2013 年。

[43] 同 [12]，第 1744 页。

[46] 同 [12]，第 1747 页。

[47] 王绍良：《漫谈王家乡的"枪支"和"残杀"》，《珙县文史资料选辑》（第二辑）第 140 页，1988 年。

[49]《四川省肃清盗匪奖惩暂行规则》，《四川省政府公报》第 132 期，1938 年 4 月。

[50]《四川省肃清盗匪奖惩暂行规则》，《四川省政府公报》第 143 期，1939 年 2 月。

[51] 凌受勋：《马帮匪帮，宜双古道的江湖传奇》，2016 年 11 月 24 日《宜宾晚报》。

宜宾文物七十年十事

蔡永旭　宜宾市博物院副研究馆员

摘　要：回顾了新中国成立以来，宜宾在文物藏品来源、文物保护单位公布和文博机构建立等方面的重大工作，反映宜宾文物工作的发展轨迹。

主题词：宜宾文物；七十年；十事

1949 年 12 月，宜宾和平解放，至今已七十年。七十年来，宜宾在发展文物事业方面，走出了一条不平凡的道路，工作成绩在一些重大工作或标志性事件上得到体现。现就个人理解，给予梳理纪之。

一　建国初期的文物没收和捐赠

1951 年 5 月，文化部、内务部根据中央人民政府政务院颁布了《规定古迹、珍贵文物、图书及稀有生物保护办法》《保护古文物建筑指示》，共同制定了《关于管理名胜古迹职权分工的规定》《关于地方文物名胜古迹的保护管理办法》，要求在文物古迹较多的地方设立文物保管委员会；在《地方文物管理委员会暂行组织通则》附件中，明确“各地方征集到的文物、图书和革命遗物，委员会得暂时接收、保管并加以鉴定。凡地方上已有图书馆、博物馆机构的，应即行移交各该机构保管”。

我们在宜宾市档案馆和宜宾市南溪区档案馆查到了落实以上文件的相关资料。1951 年，宜宾市文物保管委员会成立以来，对所收集、保管的古文物给予造册，并向川南人民行政公署[1]呈报，即 1951 年 8 月的《宜宾市人民政府呈报古文物保管清册》（今翠屏区）。《宜宾市人民政府呈报古文物保管清册》有广场收集、追押地主及群众捐献两部分（从清单内容看，“广场收集部分”当是在广场基建工地发现了一些古物）；设置有类别、品名、件数、来源和备注栏目；其中，朱大文捐献有一定数量的陶砚、瓦当、钱币和字画（彩版三、四）。1952 年 9 月的《南溪县人民文化馆文物保管工作情况》（今南溪区）对文物保管委员会的一些情况做了说明，如由县长兼主任委员、文教科长和文化馆长兼副主任委员；文物收集方式是“遵照上级指示分征收、没收、捐献、寄存、收购等五种，主要是没收，其次是动员本人捐赠”；其中，由中城和各区送来的数量亦不在不少。

今天，地方国有文物收藏机构收藏有相当部分的文物，在“来源”一栏多记为“旧藏”（大概从二十世纪八十年代初），其具体时间很难查证。由目前了解的信息看，这类“旧藏”基本可以确定主要来源于这一时期对旧社会统治阶层的罚没追缴和开明绅士的捐赠。

二　1956 年，旧州塔、旋螺殿等公布为文物保护单位

1953 年 10 月，《中央人民政府政务院关于在基本建设工程中保护历史及革命文物的指示》第三条要求“文化部应调查确属必须保护的地面古迹及革命建筑物，陆续列表通知各级人民政府及有关单位注意保护”。1954 年，四川省文物管理委员会对一些重要文物进行了实地调查，如珙县僰人悬棺。1956 年 8 月，四川省政府公布宜宾市旧州塔（今翠屏区）、南溪县旋螺殿（今翠屏区）和珙县僰人悬棺等为省级文物保护单位，这是我市地面文物首次公布为文物保护单位。1961 年 3 月，国务院公布《文物保护管理暂行条例》第四条明确了县（市）、省（自治区、直辖市）级和全国重点文物保护单位保护方式；第五～七条提出了保护、规划和建设等方面的要求。1963 年 4 月，文化部根据“条例”，制定了《文物保护单位保护管理暂行办法》。

我市的首个全国重点文物保护单位是 1988 年公布的珙县僰人悬棺葬（墓）。到目前为止，全市有全国重点文物保护单位 15 处、省级文物保护单位 43 处、市级文物保护单位 66 处、区县级文物保护单位 150 处。

2012 年 10 月，宜宾五粮液老作坊及红楼梦糟房头老作坊被列入中国世界文化遗产预备名单（“中国白酒老作坊”子项）。根据我国对世界文化遗产管理的有关规定，申报世界文化遗产当先入“预备名单”。申报世界文化遗产须具备以下条件：在世界范围内有突出普遍价值，具有良好的真实性和完整性；有良好的保护管理状况，当地政府、民众和其他主要利益相关方支持[2]。差异性文化价值、遗产面临压力分析与监测、高度重视遗产利用等世界文化遗产保护理念，开阔了文物保护工作的视野。

三　1963 年，赵一曼纪念馆建立

1963 年 1 月，四川省人民委员会批准建立了宜宾市赵一曼纪念馆，与宜宾市文化馆“两块牌子、一套班子”。12 月，时党和国家领导人朱德题写了馆名。赵一曼纪念馆的成立，得力于五十年代宜宾市文化馆举办并开放的“赵一曼历史史迹陈列室”。在“文革”期间，展览停止展出。1973 年，宜宾市革命委员会发文恢复展览，纪念馆与市文化馆分设[3]。宜宾市赵一曼纪念馆是我市首家独立的文博机构（原来各地的文物工作由当地文化馆负责）。独立专业机构的建立，有利于文物保护、收藏和利用工作的规范

化和科学化。

1983年8月，宜宾博物馆成立，时属市（原县级宜宾市）、地（原宜宾地区）双重领导，业务面向全区（原宜宾地区）。2011年2月，市政府为整合文化遗产资源，撤销原市真武山古建筑群管理局、市博物馆、市文艺创作室，组建宜宾市博物院，挂“宜宾市非物质文化遗产保护中心”牌子。现有编制35人，为宜宾市现有最大文博机构。目前，宜宾有文物收藏机构10个，其中民营博物馆1个。

四　1974年僰人悬棺的清理

1974年，四川省博物馆和珙县文化馆共同清理了珙县麻塘坝的10具悬棺，发现器物共40多件（衣服除外），其中每棺多则6件，少则一件也无。有陶、竹、木、瓷、铁、漆、铜等类，又以麻织品和竹木器为主。其中竹筒有10件，竹筋、竹篳、竹签、竹片和竹篓各1件。衣服花纹工艺有镶花、绣花（扎花）、提花（织花）、蜡花（印花）和刺花（挑花）[4]。1981年3月10~14日，首届“中国悬棺葬学术讨论会”在珙县召开，参加会议的有来自全国13个省、市、自治区的民族、考古和人类学等学科的专家、学者120余人[5]。

这是我国第一次对悬棺的考古清理，清理成果的发表对研究悬棺主人的族属和社会生产生活状况具有重要价值。随即召开的学术讨论会，大家云集，成果丰硕。

五　1980年，筠连人类牙齿化石的发现

1980年8月，成都地质学院陈列馆的游天星在筠连县镇州的拱猪洞发现了许多哺乳类动物化石，并采得一枚与动物化石共生的人类牙齿化石。牙齿为右M^1，认为化石有进步的现代人特征，也有原始的化石人特征，并与现代人更为接近；与其同一时期沉积下来的哺乳动物化石群可能生存于晚更新世时期[6]。

筠连人牙齿化石和资阳人化石是目前四川发现的最重要的两处旧石器时代人类化石资料[7]，弥足珍贵。

六　1982年的文物鉴定

1982年3~4月，四川省文化厅文物鉴定小组对我市辖区内的文物收藏单位的馆藏文物进行了巡回鉴定，共鉴定出一、二、三级珍贵文物995件[8]。

可以说，这次文物鉴定是馆藏文物保护中的一件大事。因为时值文化大革命结束不久，文物工作刚刚走上正轨，此次鉴定有利于这批珍贵文物的顺利传承。这批文物现基本成为了各文物单位的馆藏精品。

七　1986年，宜宾被公布为国家历史文化名城

1986年12月，国务院批准城乡建设环境保护部、文化部《关于请公布第二批国家历史文化名城名单报告》的通知，宜宾成为了第二批国家历史文化名

城（图一）。

由于“公布历史文化名城对国内外的影响甚大”，当时的公布很慎重，采取了自下而上推荐，广泛征求政协委员和历史、文物、考古、革命史、建筑、城市规划、地理等各界的知名专家、教授的意见，并重点作了实地调查。同时，强调“历史文化名城和文物保护单位是有区别的”，即作为历史文化名城的现状格局和风貌应保留历史特色，并具有一定的代表城市传统风貌的街区；名城范围也有一个大致说法，即文物古迹主要分布在城市市区或郊区，保护和合理使用这些历史文化遗产对该城市的性质、布局和建设方针有重要影响[9]。

历史文化名城保护方式倡导了成片保护文物古迹和历史风貌区，倡导了保护文物环境。历史文化街区是其保护重点之一，历史文化名镇、名村是其保护理念和方式的延伸。

八　2007~2011 年第三次全国文物普查

2007 年 6 月 ~2011 年 12 月进行的第三次全国文物普查是根据国家统一的技术标准和规范，以县、区域为基本单元，实地开展不可移动文物调查和信息数据登录工作，进行调查资料的整理、汇总、数据库建设及文物普查和专题调查报告编制。全市共普查不可移动文物 6280 处（新发现文物 4651 处，复查文物 1629 处），其中古遗址 125 处，古墓葬 4348 处，古建筑 1071 处，石窟寺及石刻 241 处，近现代重要史迹及代表性建筑 449 处，其他类 46 处[10]。

其实，宜宾先前已进行过两次小规模的文物调查或普查。1978~1980 年，宜宾各县、市对辖区内的文物进行了较全面的调查，主要是调查特征明显和已掌握的材料，调查各类文物 200 多处，并对其中 56 处公布为地、市县文物保护单位。1986~1989 年，四川对地面文物进行了全面深入普查，普查成果由国家出版部门编制出版《中国文物地图集》，经筛选审核，宜宾上报文物点 2704 处[11]。

九　2009~2019 年的向家坝水电站文物保护工程

2009 年开始的向家坝水电站文物抢救与保护工程，共发掘出土文物资料 3 万余件。发掘的遗址时间跨度大，上自新石器时代，下到明清时期。其中，新石器时代遗址的发现填补了川南地区该时期文物发掘的空白。石柱地遗址文化因素反映出与成都平原、峡江地区文化存在交流情况。叫花岩遗址、沙坝墓地、石柱地遗址、骆家沟遗址分别被评为 2009—2012 年“全国重要考古发现”，其中石柱地遗址入选“2011 年度全国十大考古新发现”。

2015 年 8~11 月，四川省文物考古研究院和宜宾市博物院从向家坝库区出土文物资料中，挑选 400 余件，在市图书馆举办了《考古宜宾五千年——向家坝水电站文物抢救与保护成果展》，接待观众约六万人（图二）。

图一　大观观城——宜宾历史文化名城展

图二　考古宜宾五千年——向家坝水电站文物抢救与保护成果展

在地面文物保护方面，迁建文物 44 处，建筑面积约 26000 平方米。

十 2012~2016 年第一次全国可移动文物普查

2012 年 10 月 ~2016 年 12 月进行的第一次全国可移动文物普查，是在文化遗产领域开展的又一项重大国情、国力调查项目（另一项是“三普”）。普查的标准时点是 2013 年 12 月 31 日 24 时，普查对象是各级国家机关、事业单位、国有企业和国有控股企业、中国人民解放军和武警部队等各类国有单位收藏保管的可移动文物，包括普查前已经认定和在普查中新认定的国有可移动文物。经过普查，宜宾市收藏文物总数达 16873 件（套），其中一级文物有 27 件（套）；二级文物有 73 件（套）；三级文物有 1584 件（套）；一般文物有 5361 件（套）；未定级文物有 9828 件（套）。

谨以此文，纪念建国七十周年。

注释

［1］1950 年 1 月 1 日，川南行政公署建立，辖宜宾、泸州、内江、乐山 4 个专区及自贡市；1952 年 8 月，川东、川南、川西、川北四个省级行署撤销，合并成立四川省。

［2］关于更新《中国世界文化遗产预备名单》的通知中相关申报要求（文物保函［2011］922 号）。

［3］［8］［11］《宜宾地区文物志》第 11、6、15 页，四川省宜宾地区文化局编印，1992 年 10 月。

［4］四川省博物馆、珙县文化馆：《四川珙县洛表公社十具“僰人”悬棺清理简报》，《文物》1980 年第 6 期。

［5］林向：《中国悬棺葬学术讨论会纪要》，《文物》1980 年第 8 期。

［6］游天星：《四川筠连人类牙齿化石的发现》，《云贵川古人类旧时器时代考古工作经验交流会文集》，四川省文物管理委员会、贵州省博物馆、云南省博物馆合编，1984 年 4 月。

［7］段渝：《四川通史》卷一《先秦》第 11 页，四川人民出版社，2010 年 3 月。

［9］城乡建设环境保护部、文化部《关于请公布第二批国家历史文化名城名单的报告》（国发〔1982〕26 号），1986 年 12 月。

［10］宜宾市博物院编著《酒都文物——宜宾市第三次全国文物普查成果集成》，文物出版社，2013 年 11 月。

论明清时期在金沙江下游地区进行的“木政”活动

邓　沛　宜宾市政协特约文史研究员

摘　要：明清时期，封建王朝在金沙江下游地区，大量采伐“皇木”，主要是珍贵树种桢楠、香杉等，谓之“木政”。因采伐时间长，规模浩大，严重破坏了当地的生态环境。

关键词：明清；金沙江下游地区；皇木采伐

明清时期，封建统治者为修建宫殿、陵寝和园囿等，在金沙江下游地区，即今云南水富、绥江、永善、盐津和镇雄县，今四川宜宾、高县、屏山和雷波县等地，大量采伐“皇木”，谓之“木政”。其采伐时间之长，规模之浩大，对自然生态环境破坏之严重，令人震惊。笔者不避浅陋，试作一简要论述，并就教于方家。

一　明代“木政”活动

《辞海》载：楠木，常绿阔叶乔木，是樟科中楠属，产于我国四川、云南、贵州、湖南、江浙等地。楠木生长极慢，数量极少，至少上百年才能成材。其色浅、橙黄、略灰，木性温润平和、细腻通达，纹理淡雅文静，有的显现山水或虎斑纹。其中极致之美者——小叶祯楠，即金丝楠。张华《博物要览》记载，金丝者出川涧中，木纹有金丝，木质坚硬耐腐。古代金丝楠木专指细叶（小叶）桢楠，主要产于川滇一带的原始森林，是我国独有的珍贵木材。明清宫廷皇家用材很大一部分在川滇一带采集，禁止除皇家以外的人使用金丝楠木。

《屏山县志》载，该县老君山桢楠树为明清两代宫廷金柱（擎天柱）的御用材。明洪武十二年（1379 年），地方官即将老君山珍贵树木作为贡品向皇室进贡。康熙《叙州府志·宜宾县》（手抄本）及嘉庆《宜宾县志》均记有明正德十二年（1517 年）冬，刑部左侍郎兼都察院御使刘南峰曾来宜宾“办理采运”。明嘉靖《四川总志》记有正德进士江西人潘鉴，继刘南峰之后，以“钦差巡抚都御使允行粮储事宜”名义，也曾来宜宾办理采运“皇木”事宜。据《四川通志·木政》记载，明英宗正统年间（1436 ~ 1450），“少监谢安在蔺州（今泸州市属之古蔺县）石夹口采木，亲冒寒暑，播种为食，二十年乃还”。

云南方面，《永善县志》记载，明洪武年间（1368 ~ 1398 年），朝廷派专员来到盛产楠木的永善县新田乡，将方圆数百里的楠木林封为“官林”，并在每一棵成材楠木上都烙上官印，称为“皇印”，还将新田乡改称“官地”，烙过印的树称“皇木”，禁止百姓采伐。明嘉靖二十年（1541 年）开始，除继续在今新田乡、马楠等地采伐楠木外，又在今关河、白水江一带采伐香杉木。明万历年间（1584 ~ 1586 年），因建慈宁宫，在永善县北部的细沙乡采办“一号香杉”。《明史·食货志》记载：“（万历）二十四年三殿兴费银 930 余万两，征诸民间，较嘉靖年费更倍”。此次由金沙江两岸采木约 5600 根。明万历三十四年左右，“该本司在左布政使汤日照等看得今次采办大木通共二万四千六百根……木在夷方瘴疠之地（指今雷波、屏山、永善一带的彝、苗居住地）深山穷谷之内，寻求甚苦，伐运甚难，……查得嘉靖三十六年间，以三殿采木共木枋一万五千七百多根块，万历二十四年以两宫采木五千六百多根块，与今日所派较之嘉靖年间几于一倍，较二十四年多至四倍矣！”需要指出的是，负责采办“皇木”的官员长期跋山涉水，风餐露宿，确实也是苦不堪言。今水富县境内有一小地名叫做“累官员”，可资佐证。此外，明清时期，在金沙江下游地区进行的“皇木”采伐活动，还有两处极为珍贵的历史遗迹，这就是位于今云南省昭通市盐津县滩头乡界牌村柏杨社方碑湾的两处明代摩崖题刻，均自右自左直书，其一为明洪武八年（1375 年）伐植楠木，直书七行；其二为明永乐五年（1407 年）拖运楠木，直书五行，皆为修建宫殿备料纪实，原文如下：

（一）“大明国洪武八年乙卯十一月戊子上旬三日，宜宾县官部领夷人夫一百八十名，砍剁宫阙香楠木植一百四十根。”[1]

（二）“大明国永乐五年丁亥四月丙午日，叙州府宜宾县官主簿陈，典史何等部领人夫八百名，拖运宫殿楠木四百根。”

在今云南永善县新田村双河以北的大毛滩河西岸，还有因皇木运输得名的木沉村。现在河中还有一个石包，留有当年筑坝蓄水开凿的安入木桩的石孔两个。按照明清采办皇木运输方法，当水流急而滩石多时，往往要“筑堤壅泉”“扎堰筑坝”来运输，即所谓“拽运”和“泄运”。木沉村的采办遗迹可能就是当年筑堰拽运和泄运过程的遗迹[2]。

从明成祖永乐四年（1406 年）开始，至永乐十七年（1419 年），宋礼以工部尚书身份亲至四川督军民采木，其规模十分浩大。马湖府地区（今宜宾市属屏山县、凉山彝族自治州雷波县境内）是此次采伐“皇木”的重点。当时森林大材近河者多，以至在马湖府山中采得围以寻尺，干逾寻丈者若干。这许多超级木材要运出山外需砍树开道，“非有神输鬼运之术，何以卒办”“庸万夫之力乃可”。可能是遇到山洪暴发，“一夕，木忽自行达于坦途。有巨石峭然当其冲，夜闻吼声如雷，石划自开，木由中出，无所龃龉。度越险岩，肤寸不损；所经之处，一草不掩。”于是永乐帝特封老君山为“神木山”，立祠祭祀，并命大学士胡广撰写碑文（《嘉靖马湖志·提封上》）。对此，西南大学历史系教授兼西南大学历史地理研究所所长蓝勇撰有《四川屏山县老君山“神木山祠”考》[3]。

嘉靖二十年（1541年）四月辛酉（初五日）夜，“宗庙灾”“群庙一时俱烬”。火灾后，“遣工部侍郎潘鉴、副都御使戴金于湖广、四川采办大木”（《明史·食货志·采木》）。嘉靖三十六年（1557年）四月丙申（十三日），“奉天等殿，门灾”，三大殿及其所有楼、门、廊庑全部烧光，并延伸到午门及午门外朝房，嘉靖帝也只好到端门上朝。由于连年修建西苑、南内，木厂存料基本用尽。嘉靖帝要求先恢复奉天门，于是，“命工部右侍郎刘伯跃兼都察院左佥都御史，总督四川，湖广采办大木”[4]。由于刘伯跃“专在荆州适中去处总理”，朝廷又任命李宪卿为左副都御史，代刘到滇、蜀各地，考察近水处已无大木可采，“乃行巴庸僰道，转荆岳，至东南川，往来督责，钩之荒裔中”“于是万山之木稍出”[5]。

这次采木的重点仍是川滇交界处之金沙江下游地区，但即使“深入穷搜”，不过得丈围以上楠杉2000余根，丈四五以上117根，仍比不上永乐时建三大殿所用金柱（擎天柱）的围长，嘉靖帝被迫同意“求其次”。木材的制约使故宫奉天殿从此变成现在太和殿的面貌。此次采木，按归有光所记，最终采得木材数量11280根；万历三十五年（1607年），四川巡抚乔璧星所录旧档为15712根，耗银仅在四川一省即达339万余两。

二　清代“木政”活动

清康熙六年（1667年），工部议修太和殿，需用大楠木，请敕下四川、湖广等处督抚，稽查现有采就木植或山中可采木植的长径尺寸、根数，确估采运木材所需钱粮（按：清代采伐“皇木”，开始改变了明朝采木一平二调、无偿劳役甚至加赋增值的做法，尽量发挥商品经济的优势，物给其值，劳计其酬，其扰民程度远逊于明朝），并限部文到后两月内将上述情况报部酌议。四川巡抚张德地接文后，亲至马湖府一带考察，题报三疏备陈采木艰险，称“栋梁巨材，各箐之中，大约皆可采办”“但其箐之大者，周围有五六百里；其小者，亦有一二百里”。因为明代连年采伐，离溪水、河流近处容易移运的木材已基本伐光，“若百里之外者，山势愈峻，道路愈险，虽有大木，无可如何矣”[6]。但康熙八年（1669年）三月，张德地还是采得楠木80根送到北京。

康熙十八年（1679年）十二月初三日，太和殿发生火灾。为兴修太和殿，二十一年（1682年）九月，清廷令“户部郎中齐穡往四川，采办楠木”。二十二年（1683年），工部下令“采楠杉二木郎中齐穡会同四川巡抚杭爱踏勘”，并命“各官捐俸采运”。工部下达四川的任务是：楠木4503根，杉木4055根。齐穡等人查勘后，回奏朝廷：“马湖等府之楠木大材，尤俱产诸高山穷谷、老箐密林之中，非独人迹不到，即鸟道也稀”。非但采伐不易，即使踏勘也极为困难。“杭爱登山（屏山县老君山）督察时，遥望一木所在，必牵拽始至其地。足胝履穿，攀藤骨战，侧身也苦难立”[7]。其时随同齐穡、杭爱前往老君山踏勘的马湖知府何源浚于蜀下南道，条陈五事，极言采伐、运输之艰难：

楠木皆生于深山穷谷、大箐峻坂之间。当砍伐之时，非若平地易施斧斤。必须找厢搭架，使木有所倚，且便削其枝叶。多用人夫缆索维系，方无坠损之虞。有时竟需搭天桥长至三百六十余丈，此砍木之难也。拽运之路，俱极险窄，空手尚苦难行，用力最不容易。必须垫低就高，用木搭架，非比平地可用车辆。上坡下坂，辗转数十里或百里，始至小溪。又苦水浅，且溪中皆怪石林立，必待大水泛涨，漫石浮木，始得放出大江。然木至小溪，以泛涨为利；木在山陆，又以泛涨为病。此拽运之难也。

据此，何源浚请求清廷停办此项差事。又新任四川巡抚姚缔虞熟悉蜀中情形，陛辞之日面陈采木困难，康熙帝命其赴川后再行亲查。姚查实后仍报采木之不可。恰好四川松茂道王陟升口北道，入觐之日亦为停止采木之事面奏康熙帝。二十五年（1686年），康熙帝终于决定停止在四川采木[8]。

但雍正、乾隆时期，又开始在金沙江下游地区采伐“皇木”。雍正四年（1726年），雍正令四川巡抚宪德等遴员采办大楠木。《四川通志·木政》记载，自雍正六年至十一年，共采楠木1738件半，“实用银一万七千四百四十两五钱六分零”。又据《四川通志》卷七十一引清《王德元疏略》：“自八年起至十四年止，共办圆方楠木二千零二十八件”“三十年四川总督鄂尔泰进正楠木二十根，余木两根，富顺县宰，屏山巡检运送进京，送至圆明园交收。”“乾隆三十年又于屏山县、雷波县等处采办大楠木三十六根……运进京，送至圆明园佥收。”此外，乾隆三十年（1765年），四川总督委托叙州知府、巴县知县在屏山县高竹坪等处采办大楠木36根运至圆明园。三十二年（1767年），朝廷以廷寄令采办天坛望灯杆3根、戗木9根，由泸州通判到云南永善县洗马溪采办多根。乾嘉时还有几次采办，天坛、地坛望灯杆等所用楠木，均采自永善、雷波一带，每次数根而已，其规模已大不如前。

道光朝建造慕陵各殿，虽纯用楠木，但史料和档案中少见令地方官采办的记载。从此大规模的宫殿营建停止，工程用木自然减少。咸丰以降，宫中工程逐渐改由招募社会上的厂商承接，采木转由厂商到市场采购，并开始大量采用东北松木。于是，进行了数百年的明清“木政”活动终于废止。

三　明清两代”木政”活动的巨大危害

明清两代持续将近五百年的“木政”活动，给金沙江下游地区的人民造成了灾难，也严重地破坏了这个地区的自然生态环境。

明人归有光曾记载：“而吏民冒犯瘴毒，林木蒙胧，与虺蛇虎豹错行。万人邪许，摧轧崩毕。鸟兽哀鸣，震天岌地。”[9]孙承泽《春明梦余录》更列举“山川险恶”“跋涉艰危”“焚动暴戾”“疫疠时行”等，人民“宿负未偿，新逋是急；称贷不足，继以田宅；田宅不敷，继以子女；子女不给，随以妻妾”，致使人民家破人亡，妻离子散。加之疾病、战争等原因，至康熙年间，“合全蜀数千里内之人民，不及他省一县之众”。“产木之处，人民无几，即尽其州县之老壮男妇，不过一二百人。即俱充木夫，不能运一木。”[10]这些记载，今天读来仍令人涕泪。

清嘉庆二十年（1815 年）重修的《四川通志》对”木政”活动则作了如下评价：“初未闻其芟柯削楝，远乘潦水之波，以充方物而输匠作也。近世以来，特重蜀之楠、杉，深岩丛箐，缒幽凿险，万工举斧以入，但乐其材之足用，而弗审乎纲运之艰，其弊遂有不可胜言者。”明人王德完在万历三十五年做了一次统计：“计木一株，山本仅十余金。而拽运辄至七八百人，耽延辄至八九月，盘费辄至一二千两。上之摩青天，下之窥黄泉，岂惟縻不赀之财，抑且殒多人之命。”[11]王氏对“木政”活动的巨大危害的分析可谓十分透彻，促人深思。

明万历年间，任左布政使的汤日照在其《议略》一文中对朝廷在金沙江下游滥采滥伐“皇木”造成的严重危险记载甚详。他说：万历二十四年采去楠木五千六百多根，费银约 363 万两。更厉害的是万历三十六年，由于兴建故宫内的三个大殿，“该本司左布政使汤日照等看得今次采办大木共二万四千六百多根，耗费白银九百三十余万两。”[12]从北京不远万里来金沙江下游各县深山老林中采木，非常劳民伤财，这逐渐引起了一些较为明智的官吏所不满。他们上书反映采木所耗银两已经闹得“司库积贮罄竭无遗”，这还不包括分派给各州县自行采买的木料在内。因此，汤日照说各州县采买的“又所费不赀”。这些银两均从民间搜刮而来，是人民的血汗钱。因而，汤日照又说：“且川省自先年兵火之后，迭很灾荒，百姓愁苦，物力凋耗。累年正赋尚多积欠未完，今议额外加征，亦恐未易为力……每岁（收入）不过四五万两（按：指司库的收入），曾不足常十分之一。此外，百计搜求，别难措处，诚莫知所为计矣。”由这段话可知，朝廷采木的巨额费用均来自民脂民膏，而且这是通过正常税赋之外的苛捐杂税来搜刮的。连堂堂左布政使都叫苦连天，那么百姓的苦难就不难想象了。

“木政”不仅伤财，而且劳民。汤日照向朝廷反映说：“木在夷方瘴扮之乡，深山穷谷之内，寻求甚苦，伐运甚难。今者，疮疾未起，以莞莞孑遗之民，任此重天艰难之役，其何以堪。”可恨的是，那二万多根（块）的上好木料并未全部用于建设，许多是积压堆放着的。因而，汤日照不满地说：“积于宫用固可以待用，而取诸民实为力所不堪。职等子窃谓额派之数宜减。”理由是“钱粮未措，商贾未集，合式之材不知其在山在水，非有神输鬼运之术，何以率办？”如此大宗数额的木料，也给运输带来巨大困难。当时的交通条件十分简陋，故木料只有靠水运，路线是将木料由山溪冲送到大毛滩河口（今永善团结乡境内），再流入金沙江、长江，经江苏瓜州转入大运河至通县再到北京，全长4200多公里。但“川省去京极远，奉文最迟即水运之程，越历江河，遥适万里，由蜀抵京恒岁计，哪堪采伐挽运之繁乎？查万历24年，奉文采木至25年，起解头运，26年到京。27年起解二运，29年到京。今次木巨数多，尤为不易，故职等窃谓运解之限宜宽也。夫无米之粥，巧妇难炊；千斤之任，众擎易举。今之人役约费400万金，而专责之一隅之物力，是即杯水车薪之喻耳。”

清代永善县署理知县查枢写诗描写金沙江船行之难，道：“黑铁关前滩势急，七八月间雨尤集，下有大小之雾基，上有沙河高丈级。汾沱一夜发怒涛，泉石飞坠鬼神泣，纷纷块垒填江心，……”不知有多少船工枉死在江中。上述运输只针对江水放木排而言。若加上采木后从高山上运至岸边一段旱路，则由于山高坡陡，无路可行，那更是难于上青天了，又不知累死了多少可怜的伐木工人。

从当前的调研得知，在昭通市的各县广大农村中，楠木呈零星分布，如永善县团结镇新田村，桧溪大同、青胜村，绥江、水富的铜锣坝，盐津兴隆坳，彝良洛旺乡等。其中，永善的青胜棺山楠木树胸径达1.5米，花坪岩湾楠木树胸径达1.7米。昭通市大片地区因失去原始森林的庇护，从而使生态恶化到无法使人生存的地步，许多地区甚至必须向外移民，这不能不说是一个严重的历史教训，足以警醒世人！

注释

［1］《盐津县志》第492页，云南人民出版社，1994年12月。

［2］蓝勇：《明清采办皇木遗迹考》，《中国历史文物》2005年第4期。

［3］蓝勇：《四川屏山县老君山“神木山祠”考》，《四川文物》2001年第2期。

［4］《明世宗实录》卷四四七。

［5］归有光《左副都御史李公行状》。

［6］［7］［9］［10］［11］《四川通志·木政》。

［8］《耆献类征·卿贰王陟国史馆本传》，嘉庆《宜宾县志·木政》。

［12］（明）汤日照《议略》。

宜宾都掌蛮族源考释

黎成田　宜宾市珙县文联副主席

摘　要：宜宾都掌蛮族源历来众说纷芸。本文依据现有史料，结合田野调查，考证宜宾都掌蛮是以"土僚蛮"（僚人）为主体，融合了其他族群的地方复合民族群体。

关键词：宜宾；都掌蛮；族源；考释

"都掌"二字最早见于唐宋之汉文献典籍，字意不详。而"都掌蛮"的称呼最早见于《明实录·太祖实录》，载："洪武二十五年三月庚戌（1392年4月21日）四川叙州府戎县山贼都掌蛮阿那等作乱。重庆卫指挥佥事左暹讨平之。"[1]又录"永乐十三年秋七月乙巳（1415年8月14日）掌四川都司事右军都督司知李敬等奏'戎县蛮寇平'。先是，叙州府戎县山都掌蛮人为耗，攻劫高珙、筠连、庆符诸县，敕敬发兵剿捕，且敕贵州都司都指挥李政以兵会敬等合攻之，遂围落卜、大坝等处山寨，禽（擒）捕蛮贼，悉斩以徇，招抚良民复业。至是，奏请罢兵归农。从之。"[2]"山贼都掌蛮""戎县山都掌蛮人"，即为宜宾都掌蛮的最早文献记载。

关于宜宾都掌蛮的族源问题，长期以来学术界众说纷芸，有说都掌蛮从僰人演化而来，有说从濮人转化而来，有说都掌蛮乃宜宾珙县、兴文高山区的土著民族。笔者仅据已掌握的资料，结合田野调查，考证宜宾都掌蛮是以"土僚蛮"（僚人）为主体，并融合其他族群形成的地方复合民族群体。

一　从文献典籍来分析

四川大学刘复生先生曾考证："都掌一词本意如何，现已无从稽考，但其为民族名称则可以肯定。"[3]《宋会要辑稿记载》："诏中书降敕榜曰：西南蕃罗氏鬼主下蛮首领沙取以状来言：令落莫部已与沙取议乞弟投降事。其有都掌，已遣人往谕。降人称：'我止依十州例与我税赋，更不以兵随乞弟。'及沙取令蒲城等密来言：若乞弟不降，即领都掌等往掩杀。今沙取若能谕乞弟早降朝廷，当厚加爵赏。如未肯降，沙取能掩杀赴官与逐处部族都大头领悉加重赏。委沙取抚谕都掌等部族头领早出投降，即依十州例，令输税赋及厚赏锦袍银采等。"[4]

《明史·刘显传》载："都掌蛮者，居叙州戎县，介高、珙、筠、长宁、江安、纳溪六县间，古泸戎也。"[5]而《重刻确庵曾先生平蛮全录》说："都蛮东连永宁、南接芒部、西通乌蒙、北达马湖、而戎、长、高、珙、庆、筠六县近相联络。"[6]

以上引文证实了都掌蛮的发展历程和主要的活动区域，而都掌蛮活动的主要区域又正是魏晋南北朝时期僚人入蜀的"走廊"。既使川南一带的土著僰人在南迁云南的过程中没有全部迁出，所剩也不会太多。而随着大量僚人迁入，少量僰人最迟到明代也融入到僚人中了。刘复生先生曾说："唐宋地理志中称晋代此地没于'夷僚'，《新唐书》载戎泸间的'葛僚'，纳州等泸州地区羁縻州均为唐代开山僚置，纳州僚人曾冠都掌等县。"[7]乾隆本《珙县志》载："其土人自谓僚，因名曰土僚、葛僚。"[8]由此可知，都掌蛮的主体民族应为僚人。诸葛无声在《两朝平攘录》中说："嘉靖时蛮首称骠桀者，阿大、阿二、方三，皆土蛮。"[9]而阿大、阿二、方三正是万历元年朝廷大举讨伐的川南都掌蛮的三位首领。

二　从民俗文化的对比来考证

（一）都掌蛮的称谓与僚人同。只有僚人才称"阿 ×"。1573 年朝廷平蛮时的三位蛮首分别为阿大、阿二、方三。

（二）在川南宜宾一带山区，民间一直流传有明代当地有一支土僚蛮聚集，反抗朝廷的故事。而官方称的都掌就是民间说的土僚蛮。都掌是自称，土僚蛮是他称。

（三）今珙县麻塘坝的 200 多具悬棺，据考古证实置棺年代以明代为主，而明代珙县为僚人聚集地。李京《云南志略》说："土僚蛮，叙州（今宜宾）南、乌蒙北皆是。男子及十四五，则左右击去两齿，然后婚娶。猪羊同室而居，无匕箸，手抟饭而食，人死则以棺木盛之，置于仞颠岸之上，以先坠者为去。"[10]

（四）都掌蛮的服饰与土僚的服饰完全相同。僚人服饰为对襟衫、筒裙，与 1974 年珙县悬棺里发掘出来的高领桶腰对襟衫、宽裆短裤基本一致。

（五）僚人有凿齿习俗。1974 年，珙县发掘 10 县悬棺中 7 具为成年尸体，其中有 6 具凿齿的。

（六）猎头，即"战得头，著首还，于中庭建一大材高十余丈，以所得头，差次挂之，历年不下，彰示其功。到了近代这种风俗才被革除，但历史上却多有流传。"[11]珙县麻塘坝的岩画就有不少再现"猎头"仪式的岩画。屈川教授考证："(麻塘坝）二十多个散发于崖壁上的圆点符号……是僚人重要祭祀活动中"猎头"杀祭习俗的记录。"[12]

（七）使用铜鼓。僚人是使用铜鼓的民族，这已经是众所周知的事情，而都掌蛮同样使用铜鼓。《明史·刘显传》记载："……其酋阿大、阿二、方三等据九丝、剽远近……省吾议讨之，属显军事……调诸土兵合官军凡十四万人。克寨六十余，获贼魁三十六，俘斩四千六百，拓地四百余里，得诸葛铜鼓九十三。阿大泏曰：鼓声宏者为上，可易千牛，次者七、八百，得鼓二、三便可僭号称王，鼓山巅，群蛮毕集，今已矣。鼓失，则蛮运终矣。”[13]

（八）巢居崖谷、因险凭高。《太平寰宇记》记载：“戎州（今四川兴文县）有僚，其夷僚之类，不识文字，不知礼教，言语不通，嗜欲不同……巢居崖谷，因险凭高……著班布、击铜鼓，弄鞘刀……夫亡妇不归家，葬之崖穴……。”[14] 在明代都掌蛮造反占据九丝山、都都寨、凌霄城，以及他们在兴文、珙县遗留下来的不胜枚举的聚居地都建在山巅崖谷，最有代表性的为珙县曹云乡天堂村之石堡寨。

（九）当年都掌蛮的首领阿大、阿二、方三出行时都是前后竖旗子，而《新唐书》等史料记载僚人首领出行皆有此俗。

（十）万历元年（1573 年）九丝之战后，都掌蛮遭受重创，一部分散落各地，保存下来的若干文化习俗与僚人（今仡佬族人）相似。

1. 酿制甜酒。“由于酿制甜酒的原料是米饭和包谷饭，甜酒也称‘米酒’。甜酒的具体做法是：将煮好的饭凉好，再将酒药揉成粉撒在饭里，拌匀，用盆或坛子装好，再用干净的布将盆口或坛置 2 ~ 3 天即可。”[15] 其制作过程和对米酒的称呼（甜酒）与现在珙县、兴文偏僻农村的一致。还有仡佬族人最爱吃的酸菜豆汤、包谷粑粑在宜宾一带也非常盛行。

2. 报喜。“孩子出生后的三天内，要由孩子的爸爸到其岳父家报喜。报喜时姑爷要带一盆米酒、两斤烧酒、一只鸡。鸡是用来给岳父家的人报信的，如果是女孩就抱母鸡，男孩则抱公鸡。当地人都不问孩子的性别。‘是男是女，看这只鸡心里就明白。’报完喜之后，酒留在岳父家里，鸡由姑爷带回。”[16] 这类习俗与当年都掌蛮生活过的山村的习俗简直是一模一样。仡佬族的“产妇不能走大门、不能走灶边，不可以串门”，给婴儿“剃电头”“新郎忌到新娘家迎接”，十月初一过年过节等等民间习俗在现在的宜宾一带山区还广泛流行。

3. 禁忌。“仡佬族人禁忌较多，常见的有清晨忌说鬼道神，深夜忌打哨吹嘘，戊日忌动土，惊蛰日忌役牛，春分日和三月三忌上山砍柴，红沙日、杨公忌日以及清晨忌吃夹过饭和外出办事，新郎新娘拜党时忌孕妇观礼，未婚女子忌新郎新娘的床，孝子七天内忌食荤……”[17] 这些禁忌在九丝城镇、曹云镇一带仍在流行。

综上所述，都掌蛮的历史发展脉络和文化特征均与僚人相符，说明都掌蛮即为魏晋时期北上巴蜀之僚人的后裔，当地民间称“土僚蛮”。这一批僚人融入了多种地域族群，最终形成宜宾都掌蛮，并在明万历年间被朝廷残酷镇压，灭亡消失。

注释

[1]《明实录 · 太祖实录》卷 217。

[2]《明实录·太祖实录》卷166。

[3][7]刘复生:《僰国与泸夷》第131、189页，巴蜀书社，2000年。

[4]《宋会要辑稿》第110页，中华书局，1957年。

[5]《明史·刘显传》第1447页，中华书局，1956年。

[6]《重刻确庵曾发生平蛮全录》第111页，《北京图书馆古籍珍本丛刊史部·杂史类》。

[8]《珙县志》卷十四。

[9]《两朝平攘录》卷二。

[10]《悬棺葬资料汇集》，中国悬棺葬学术讨论会秘书组编印，1980年。

[11][13]王文光、李晓斌:《百越民族发展演变史:从越、僚到壮侗语族各民族》第218、219页，民族出版社，2007年7月。

[12]屈川:《都掌蛮:一个消亡民族的历史与文化》第175页，四川人民出版，2004年。

[14][15][16]《仡佬族——贵州大方县红丰村调查》第182、2004、2005页，云南大学出版社，2004年。

[17]《道真仡佬族苗族自治县概况》第28页，民族出版社，2007年。

白虎巴人

丹尼尔·维斯（著） 美国《考古》杂志高级编辑
徐 进（译） 重庆市文化遗产研究院

在公元前一世纪的大部分时间里，中国大地被形形色色的争取霸权的强大诸侯国所占据，其中的秦国最终建立了第一个统一的帝国。在秦灭之后，楚汉继续相争这一无上权力。在这一漫长的战乱时期，小国往往被大国吞并。在这种情况下，小国似乎并不可能生存下去，更别提繁荣兴盛。但是，位于川东地区的巴国做到了这两点，尽管它的地理位置处于上述强大势力的攻击范围内。一座高等级的巴人贵族墓葬向我们诉说了巴国在这个纷乱时代的生存之道。

巴人并没有留下文字记录，后世对他们的了解主要是通过记载他们的历史文献和墓葬里的器物。重庆市文化遗产研究院的考古学家方刚曾经在四川的农村主持发掘过小田溪墓地。他说："小田溪墓地出土的精美器物显示墓主人来自巴国的最高层统治阶级。"其中一个墓葬出土了琳琅满目的文物，包括了青铜兵器、青铜编钟和很多玉饰、玉佩等。方刚判断这些墓葬的年代在战国晚期到西汉初期。在这个时期，许多像巴这样规模不大的族群正处于被占有统治地位的帝国文化同化的巨大压力之下。

巴族是由五姓部落组成的联盟，以骁勇善战闻名天下，他们浴血奋战数百年，并在川东的山地建立了自己的势力。传说统一巴族的首领廪君在死后化为一只白虎，巴人认为白虎是守护着武器和战争的神兽，他们崇拜白虎，视其为图腾，并将其贯穿于他们的整个历史。白虎的形象在巴人的器物上都有所体现，比如錞于，这个看起来像酋长帽子形制的钟状物体通常会有一个呲牙蹲姿状的老虎形象提手。旧金山亚洲艺术博物馆馆长许杰说："錞于可以制造出很大的声音，最有可能用来指挥进军或者进军中前歌后舞的节奏。巴人会在进攻前跳舞，也许这样做是为了迷惑敌军，也有可能是为了让敌人害怕。"

因为不断受到临近部族的威胁，战争成了巴人生活中很大的一部分。在关于明确记载巴国的早期史料中，公元前八世纪巴国就开始给秦国进贡，那时秦国的势力已经越过秦岭到达了四川北部。巴国希望这样做能够得到秦国的保护，以此来对抗从东边侵犯他们的楚国。

从春秋到战国早期，被楚国挤压而西渐的巴国频繁与位于四川西部的蜀国交锋。公元前316年，秦国进犯四川，兼并了巴国和蜀国。许杰认为秦国这次侵犯的主要目标是兼并比巴国更加富有、占有多更多农耕土地的蜀国，同时也是为了得到像铜、盐这样宝贵的战略资源。他说："秦国和巴国的关系更好，其实巴国并没有真正处在这次争斗之中，这也为此后秦国对巴国更加宽松的控制方式奠定了基础。"

在长达一个世纪的时间里，秦国对蜀国的统治方式像一次试行，与他们在公元前221年统一全国后对其它地区所做的一样，大量的外来人口被迁往蜀地，这给当地的传统造成了构解，同时也增强了中央政府的控制力。秦国还安插了一个谍报系统，以此来监视当地潜在的任何反叛迹象，巴国却始终被允许在少量的监管下继续进行自治。许杰说："秦国认为巴国的地理环境既然如此不便，那让其自治羁縻的方式比任其不管更加聪明。"

在秦朝建立后十年，帝国陷入混乱并最终坍塌。一个军阀，汉王刘邦填补了权力的真空。就像秦国一样，刘邦最开始也是控制四川，这让他得到了这个地区的自然资源和包括巴人勇士在内的人力资源，使他在击败主要竞争对手楚的对抗中实力大增。在刘邦建立西汉王朝之后，巴人勇士在军队中被赋予了特殊位置。即便是在接下来的几个世纪里，作为汉军中一支四处征伐的军事力量，他们依然被允许保留一定的自主。中国艺术研究院练春海说："在汉代，巴人始终保持着他们相对独立个性的文化。"

小田溪墓地出土的器物表明了巴文化传统的延续性以及巴人上层阶级与秦和西汉王朝的紧密联系。很多器物旗帜鲜明地表现出了巴人图腾的特点，包括一件虎纽錞于和三把带有虎纹样式的短剑。在錞于虎纽的周围刻有六种符号，包括一只鸟和一条鱼，方刚认为它们代表着原始巴族联盟中的两个部落。墓地里还出土了其他兵器，如成套的矛、一些斧和一件钺。在墓葬中还出土了一件带柄的钲，其功用和錞于一样，是一种巴人在战斗中用来传递信号的乐器。

和这些巴人传统器物一起埋葬的还有一些戟、弩和成套的豆，它们全都由青铜制作，是巴人吸收秦汉文化风格的证据。小田溪墓葬出土的玉器比墓地里出土的其他任何东西更能证明巴国与帝国统治者之间引人注目的关系，其中包括两把镶玉的长剑，数量可观的玉佩、玉璧和玉环等玉饰。方刚说："玉在巴人墓葬中十分罕见，只有最高阶层的贵族才配享用它们。"有些玉饰，比如双龙玉佩就是成套饰品中的一部分，也是第一次在巴人墓葬中发现此类器物。方刚指出，这些玉饰出土的位置在墓主人遗骸旁，很可能是秦或者汉政府赠予的礼物。

在古代巴国消亡之后，巴文化因素顽强地保留了下来，并沿读至今。许杰指出，包括今天长江三峡地区在内的以前巴人活动的区域居住着一支叫土家族的少数民族，据说他们就是巴人后裔。他还说，今天的土家族以他们的歌舞技艺闻名于世，他们之中很多人还在继续崇拜白虎，以此来纪念他们那传奇的祖先。

（原文载于美国《考古》杂志 2018 年 11/12 月刊，第 36 ~ 39 页）

19 世纪中晚期来华传教士所建博物馆的社会背景及职责初探

卢玥颖　四川博物院

摘　要：近代中国博物馆诞生于 19 世纪中晚期的半殖民地半封建社会中，最早是自然科技类博物馆，其创建者主要是受过西方近代科学教育的基督教传教士。这些博物馆在当时深刻反映了西方社会的需求及中国社会的性质和意识形态，成为了传播基督教义和西方文化的场所，也是来华西人研究中国自然与人文的基地。传教士所建的博物馆，主要是对西方既有博物馆的移植。从其承担的社会职责来看，在西学传播的角度上对当时的中国社会有着积极意义，对近代中国博物馆的诞生也有着“导路先夫”的作用；但囿于其背后的殖民主义渊源，传教士所建的博物馆对当时中国社会的变革作用仍有较大的局限性。因此，受到来华传教士身份的双重性影响，其所建的博物馆也有着双重属性，对当时中国社会的影响也是双重的。

关键词：传教士；博物馆；背景；职责

前言

近代中国博物馆实体在初期阶段几乎都由来华传教士创建，剖析这些博物馆所处的社会环境及其承担的社会职责，可以勾画出当时博物馆在时代变革中所起的积极作用，也可窥其不足。这也是将博物馆视为一种社会文化事物、以发展的视角进行深入分析的过程，它不仅是中国博物馆发展史的重要研究内容，也可以启发当今博物馆更加清晰地认识自有的社会职责和发展方向。

从 19 世纪中期开始，中国的社会性质和文化面貌都发生了根本性的改变。在半殖民地半封建社会的性质下，“西学”之风逐渐在中国盛行开来。在“西学东渐”的过程中，伴随中国近代教育的诞生与发展，传教士将西式博物馆直接移植到当时中国的各通商口岸中，近代中国博物馆从此诞生。但与当时西方社会既有的博物馆相比，传教士所建的这些博物馆在性质和社会职责上有很大不同。总的来说，除了具备开启民智、传播西方文化的教育作用外，这些博物馆还有较强的殖民色彩和宗教目的，即作为推行西方“文化正确”的工具，成为事实上实现中国西方化和“中华归主”宗教意愿的一种途径。这种双重作用也是当时中国社会性质在社会文化上的一种反映。

一　19世纪中晚期传教士在华创办博物馆的社会背景

19世纪中晚期，来华传教士之所以能在中国各通商口岸建立起博物馆的实体，有着深刻的中外历史背景。

（一）来华传教士在中国建立博物馆，与中国当时的社会及文化变革有关。19世纪中期以后，中国封建社会的大门逐渐被西方列强用坚船利炮打开，而面对军事上的节节溃败，中国先进知识分子不断寻求着社会变革的方式方法，“西学”逐渐被视为中西军事力量上的根本差距，也被视为改变中国的根本力量。在国人通过各种途径寻求“西学”的过程中，受过西方科学教育的来华传教士成为其了解“西学”的途径之一，而越来越多的传教士也敏锐地嗅到了这股社会风潮，开始主动成为在华传播“西学”的主体，并在传教的动机下积极参与到近代中国教育、医疗、出版等行业的肇始与变革中。博物馆就是作为当时西式学堂和文化研究机构的附属而出现的。

（二）来华传教士在中国建立博物馆，与中西方文化观念的冲突有关。在19世纪60年代至80年代，各国来华传教士多以“保守派”（或称“传统派”）为主，他们更主张直接布道，这也是基督教传教史上一直采用的传教方式，因此“以学辅教”（即以“西学”作为传教的辅助）并未成为传教士的主要任务，甚至是许多传教士所反对的内容。所以早期来华的许多传教士认为，只要中国社会能够面向他们开放，基督教义就能顺理成章地被中国人接受，不少传教士便将重点放在了想尽办法叩开中国国门。于是他们在早期入华传教时，也参与了西方侵略中国的战争和不平等条约的签订。也正是基于这样的社会现实，传教士与中国民众之间的仇恨与矛盾不断加深。加之中西文化背景和各自信仰系统的巨大差异，来华传教士和中国民众之间因思想意识所产生的矛盾也不断加剧。因此在19世纪中晚期，中国各地发生了不少“教案”。面对双方冲突不断加剧的局面，传教士们不得不寻求新的传教方式，从而开创了“以学辅教”的传教方式。

（三）来华传教士在中国建立博物馆，与当时西方社会宗教思想的变革有关。从19世纪中晚期开始，受西方社会经济文化发展变革的影响，传教士们的传教理念有了很大的变化。尤其是美国在 19 世纪晚期兴起了“学生志愿赴海外传教运动”，入华传教士主体成为了新兴的大学生群体，他们在母国受到过良好的高等教育，有着不同程度的科学文化背景。与传统的传教士不同，他们非常注重宗教与社会发展的关联，传教目的也从拯救个人灵魂到建立“基督教化”的社会秩序。正是由于传教理念的变革，越来越多的来华传教士们开始相信通过“西学”可以抬高基督教在中国的地位，进而从根本上改变中国人的思想和认知，从而实现其“中华归主”的愿望[1]。

综上所述，19 世纪中晚期的来华传教士之所以能在中国建立起博物馆实体，有着深刻的中外历史背景。传教士们所使用的这套“以学辅教”的传教方式，很好地适应了当时中国先进知识分子和改革家们的诉求，即便两者在动机和目标上有着根本的差异，也可以一拍即合，所以来华传教士得以参与到近代中国教育、医学、科技等文化领域的初创阶段，并在教育和文化领域，将西式博物馆移植到中国社会。这些传教士与当时一同来华的外交官、商人其实有着本质上的不同诉求，他们的直接目的并不是获取物质利益和谋求政治上的控制权，而是为了传播基督教，其使命也是改变中国人的“异教”信仰，以及整个生活方式；他们非常笃定只有用西方基督教文化才能彻底改造中国文化和社会。因此用基督教文化征服和取代中国文化成为其在华传教的根本诉求[2]。所以，了解来华传教士在中国建立博物馆的目的和社会背景，便可看出其身份的双重性：他们既是西学传播者，也是福音的宣道者，其背后还有着殖民主义渊源。因此，不论其主观是否愿意，传教士的双重身份和性质都决定了他们在华活动的性质亦有双重特征。由来华传教士所建的博物馆，也深刻反映了当时中国的社会性质和西方的社会诉求——这些博物馆对当时的国人来说非常新颖，并且有文化、教育等方面的社会价值，适应了当时“西学东渐”的社会风潮。但由于其根本目的并不是为了将中国引向现代化，而只是为了实现中国的西方化，而西方化并不等同于现代化[3]，因此，这些博物馆所带有的殖民色彩成为推动中国社会变革的局限。它们虽然成为近代中国走向现代化的一部分，在近代中国科学文化发展过程中起到过积极作用，对中国博物馆的诞生也具有“导路先夫”的作用，但却很难从根本上改变中国社会的现状。在近代中国真正参与到社会变革的博物馆，则是由中国国人自己创办的以推动实业发展、传播西方科学、构筑公民文化为主要社会职责的博物馆，而那便是在进入 20 世纪之后了。

二　早期传教士所建博物馆及其社会职责探讨

从博物馆藏品的性质上看，19 世纪中晚期来华传教士所建的博物馆主要以自然科技类为主，辅以人文艺术类藏品的收藏。从机构隶属上看，当时的博物馆主要分为两类：一是附属于科学研究机构的博物馆（如徐家汇博物院、亚洲文会上海博物院、北疆博物院等）；二是附属于西式学校、具有辅助教育功能的博物馆（如青州博古堂、登州文会馆博物馆等）。不论是从藏品性质还是机构隶属上来看，这些博物馆的职责都以教育为主，符合传教士“以学辅教”的传教思想。它们对当时中国社会所起到的多种作用也都具有双重性：1. 从博物馆实体发展上看，它们作为近代中国博物馆实体的起源，对国人自己创办博物馆起到了“导路先夫”作用。但它们也是西式博物馆的直接移植，为后殖民时代中国博物馆的“去殖民化”留下症结；2. 从教育和文化上看，它们作为教育的辅助，向中国人介绍了西方知识体系。但同时作为西方在华推行文化话语权的代表，它们也宣扬了西方文化的正确性；3. 从社会发展上看，它们与新式学堂、图书馆等公共文化机构一起，让国人有了“公共性”方面的初步意识，但在推动中国社会现代化上力量不足。这些双重性的影响，可以在以下几所对近代中国博物馆发展具有重要意义的博物馆中看到：

（一）徐家汇博物院

徐家汇博物院的诞生是当时法国天主教耶稣会转变传教方式的结果。提议创建徐家汇博物院的法国天主教耶稣会，在扬州教案和安庆教案发生后，开始了“科学传教”的方法，视博物院为传播其教义一种工具[4]。因此在1872年8月，教会决定成立“江南科学委员会”，且将创建博物馆作为委员会的职责之一。博物馆的主要职责就是搜集中国自然资源进行博物学研究。不久后，在传教士韩伯禄的带领下，“江南科学委员会”开始展示和研究搜集到的各类中国动植物标本，以完成其自然科学研究。1883年5月，徐家汇博物院专用院舍建成。但由于博物院的定位是进行科学研究，其主要工作就是让韩伯禄及院内人员对动植物标本进行分类、考定、研究和著述等活动，并将资料记录等成果合编成册，寄往欧洲，因此博物馆在建立之初基本不对外开放。此外，博物院还经常选择院内有特色的标本，寄往世界各地请专家鉴定[5]。所以徐家汇博物院作为早期中国博物馆之一，带有很强的弥补西方博物学的社会职责，并以此搜集了中国尤其是长江流域的自然资源情况，其科研成果相当突出；但它与中国社会的互动程度不大，也无法根植于中国社会。虽然它在一定范围内向国人传播了自然科学知识，但总的来说还是比较忽略对民众的科学知识的普及。直到20世纪30年代，博物院被并入震旦大学、改称震旦博物院后，也仅是将部分陈列室面向社会开放[6]。因此它对当时中国社会和文化的变革作用非常有限。

（二）亚洲文会上海博物院

亚洲文会上海博物院由宗教团体亚洲文会中国北支会于1874年在上海创办。亚洲文会中国北支会是近代中国一所非常具有文化影响力的社会机构，其成员来自不同国家和不同教派。作为一所研究中国人文及自然的文化机构，亚洲文会的成立宗旨主要在于传教和对中国社会各个方面进行调查，并将这些调查研究的成果传播到西方国家或西方在华社区中去，以便西方社会更好地了解中国，唤起西方世界对中国文化的重视。而文会下属的上海博物院，在成立之初是一个与中国有关的博物学信息储藏中心，藏品包含了中国境内的各种动植物标本及古代文物。随着博物院藏品的逐渐增加与发展，上海博物院成为了当时远东地区中国生物标本和文物收藏最丰富的博物馆之一。与徐家汇博物院相比，亚洲文会上海博物院秉持着“为上海社会所利用，使公众在闲暇的时间能够来参观博物院”的宗旨，一直坚持免费对外开放，其观众接待量也逐渐攀升。1910 年以前，博物院每月参观人数为 100 人左右；1938 年后，每月接待人数均在 5000 人左右；1940 年 5 月曾达 8254 人。来参观的人中，1/3 为外侨，2/3 为华人，团体则有学校学生、童子军和上海的外侨妇女协会等[7]。可以说，在 90 多年的发展历程中，亚州文会上海博物院不仅是一个搜集中国各类信息的情报机构，同时也扮演着沟通中西方文化的角色，并因此逐渐融入了上海外侨社会以及当时中国先进知识分子中。它既向西方侨民和来华参观的外国人传播了中国知识，也在一定程度上改变了西方社会对中国社会的看法，认识到中国传统文化的重要性和独特性，还成为当时中国知识分子的一个精神文化平台，也让更多的国人知晓了“公共博物馆”这一文化形态。由于上海博物院面向社会的开放程度更广、更大，故在当时的影响范围也比徐家汇博物院更加广泛，是近代中国博物馆中具有典范意义的一所博物馆。但是亚洲文会上海博物院作为亚洲文会的附属机构，仍然不可避免地行使着西方文明话语权，具有殖民统治的色彩，它不可能将中国文明和西方文化放在同一高度。在其运营过程中，尤其是在举办的一些展览中，仍可看到西方文明的优越感，例如把中国人的祖先标本与动物标本共同陈列，在展厅显眼的位置向观众表明中国人是刚刚从猿进化而来的、虽非落后但至少也不是文明先进人种的观点。这些展示方式和对展品的文字描述，都体现和强调了西方的文化话语权，渗透着西方文明高于中国文明的思想，视中华民族与中国为落后的民族和国家[8]。

（三）青州博古堂

青州博古堂的创办者为英国浸礼会传教士怀恩光。怀恩光到青州以后，先是设布道堂，然后又相继设立学堂、医院。青州“郭罗培真书院”即为怀恩光所设，书院下有博古堂。就青州博古堂当时举办的展览和讲座等社教活动而言，可谓科学与宗教并存，它在传播动植物学、天文地理、历史、生理和卫生等科学知识外，还专设有教堂、圣经室等场所用于布道[9][10]。博古堂对外开放后，因馆藏各类新式机械设备和自然标本等藏品吸引了大量公众参观，在当时影响较大。开馆四年内，博古堂共接待 35 万人次，平均每年 10 万人次[11]。但是，作为免费参观的条件，就是参观者要静心听道，因此广智院也成为英国浸礼会在济南的重要布道场所。后因胶济线的开通，青州地理优势逐渐下降，为求得进一步扩大宗教影响，英国浸礼会将博古堂迁至交通便利、人文荟萃的山东省会济南，并更名为“广智院”，但原青州博古堂继续开放。当时的青州博古堂一度成为“以学辅教”的典型，在其运营过程中发展了不少基督徒，这在当时的来华传教士中广为流传，后来被很多传教士所效仿。所以它既是民众了解近代科学的场所，也是基督教义传播的基地。

综上所述，从以上这些 19 世纪晚期来华传教士所建的比较有代表性的博物馆来看，它们在建立宗旨、运营理念、工作业务上有很多的相似之处，并且具有很浓的殖民色彩和传教意图。这些博物馆依附于当时的研究机构或西式学堂中，其社会职责不仅受到西方宗教及科学文化发展的深刻影响，同时也受到中国社会环境和性质的影响；它们不仅承担着传播西方文化的职责，也承担着传教的社会职责，且传播西方文化是为了证明西方文明之正确性，并以此赞颂作为造物主的上帝之伟大。所以，传教士所建博物馆“以学辅教”的实质是不容忽略的，也正是因为“以学辅教”才在很大程度上促成传教士在华从事“西学”的传播以及西式学堂、博物馆的修建。这一基调也成为进入 20 世纪以后各传教士在中国更广阔的地域内修建更多博物馆的基本模式，可谓影响深远。

但是这些博物馆在中国的发展还是超出了传教士的意料之外，就如同当时他们所宣扬“西学”一样，其初衷本是借由科学的外衣，让国人在博物馆中逐渐信仰上帝和基督，但当人们尤其是新知识分子们亲身接触到博物馆这一事物时，更多地看到了西方近代科学知识，看到了中西方文化的“根本差异”，并由此在客观上激发中国知识分子对西方科学的重视与追求；而掌握了科学的新知识分子们，却更容易利用科学来证明基督教的不科学[12]。所以，在 19 世纪中晚期，来华传教士所建的博物馆固然对近代中国博物馆的诞生、西学东渐、中国社会公共化等方面具有“导路先夫”的作用，但这类博物馆终究受到其传教的初衷和殖民性质的局限，在当时的中国并未形成太大气候。不仅如此，其实西方殖民国家在世界上其他殖民地所建的博物馆也未形成气候，这些博物馆仅是西方社会中各博物馆的翻版，它们无法根植于当地社会，与各个被殖民国家的社会产生不了“血缘关系”[13]，所以它们对当时中国社会的影响范围和程度非常有限，尤其是在促进当时中国现代化的变革和发展进程中，力度和规模远远不及后来的国人办馆。这一点也颇类似于教会学校对中国近代教育的影响[14][15]。

小结

近代中国博物馆由来华传教士在 19

世纪中晚期于各通商口岸率先创建，是对西方社会既有博物馆的移植，其性质和社会职责都具有双重属性。它们一方面为中国带来了博物馆的实体，促成了近代中国博物馆的诞生；另一方面作为中国现代化教育的组成部分，也是中国社会性质在文化方面的一种反映，它们为中国近代知识分子带来了新的学识和了解西方科学知识的场所，顺应了当时“西学东渐”的社会思潮，对中国现代化有一定程度的促进作用。但是，囿于博物馆创建者的宗教意愿和殖民主义背景，在博物馆的运营中均带有很强的传教职责，并在很大程度上体现了当时西方的文化话语权和知识话语权，难免成为殖民主义拓展的工具，尤其是殖民主义国家政府后来直接在经费等方面支持海外传教，更可见其传教事业与殖民主义的合二为一。而真正对中国博物馆的发展历史及中国社会的变革起到根本性作用的还是进入 20 世纪以后国人所创办的博物馆。

客观认识来华传教士所建博物馆的社会背景、职责及社会影响，可以更清晰地看到中国博物馆诞生与发展的历程，也可以看到博物馆与当时社会所发生的联系及对社会发挥的作用，促使大众更加理性和深刻地认识博物馆与社会发展之间的关系。

注释

[1]王立新：《美国传教士与晚清中国现代化》第 9 页，天津人民出版社，1997 年 3 月。

[2] 同上，第 6 页。

[3] 同上，第 3 页。

[4] 吕建昌：《近代中国博物馆史上需要澄清的一个问题——上海徐家汇博物院创建年代质疑》，《上海文博论丛》2011 年第 4 期第 66 ~ 72 页。

[5] 张小澜：《上海自然博物馆前身：兼谈对自然博物馆收藏研究功能定位的思考》，《中国博物馆》2013 年第 4 期第 70 页。

[6] 侯江、李庆奎：《1949 年以前外国人在华创办的自然类博物馆探析》，《安徽农业科学》2009 年第 37 卷第 26 期第 46 页。

[7] 王毅：《皇家亚洲文会中国北支会研究》第 28 页，2004 年复旦大学博士学位论文。

[8] 王毅：《半殖民地博物馆与半殖民地形象：以亚洲文会博物馆为中心》，《东南文化》2013 年第 2 期第 121 页。

[9] 田鹰：《济南广智院》，《中国博物馆》1986 年第 2 期第 89 ~ 91 页。

[10] 王晶：《从青州博古堂到济南广智院——谈传教士怀恩光在华所创博物馆事业》，《艺术科技》，2016 年第 1 期第 146、241 页。

[11] 徐玲：《博物馆与近代中国公共文化（1840~1949）》第 75 页，科学出版社，2015 年 6 月。

[12] 罗志田：《传教士与近代中西文化竞争》，《历史研究》1996 年第 6 期第 77 ~ 94 页。

[13] 苏东海：《南通博物苑诞生的历史性贡献》，《回顾与展望：中国博物馆发展百年——2005 年中国博物馆学会学术研讨会文集》第 1 ~ 4 页，紫禁城出版社，2005 年 9 月。

[14] 赵成日：《教会学校对中国近代教育的影响》第 34 页，2008 年吉林大学硕士学位论文。

[15] 王春生：《洋务教育与中国教育早期近代化的诞生》第 29 页，2008 年曲阜师范大学硕士学位论文。

宜宾明代周洪谟墓的发现与研究

郑万泉　四川省文物考古研究院副研究馆员

摘　要：2013年在宜宾发现的周洪谟墓形制规整，墓内装饰精美。结合历史文献的记载，我们对周洪谟及其夫人墓室内的牌位和雕刻有了新认识，同时发现该墓的石刻应该是在墓地附近加工制作，该墓的发现对研究周洪谟本人乃至四川地区明代品官墓葬等问题具有重要的价值与意义。

关键词：明代；周洪谟；墓葬；研究

周洪谟是明代四川第一位获赐“进士及第”的官员，明正统十年（1445年）殿试榜眼，历侍正统、景泰、天顺、成化、弘治五朝四帝，先后出任翰林院编修、翰林院侍读、翰林院侍读学士、南京国子监祭酒、北京国子监祭酒、礼部右侍郎、礼部左侍郎等职，弘治元年（1488年）在礼部尚书任上致仕，弘治四年（1491年）卒于叙州府，次年葬于宜宾白沙湾[1]。他执掌两京国子监和礼部多年，在处理西南地区少数民族叛乱和荆襄地区流民等问题上提出了颇具建设性的意见[2]；退休时“上命承传以行，陛辞时，敕广禄，赐酒馔，并给内帑三千贯”[3]；去世后“讣闻，遣官谕祭者四，命有司营葬事，赐谥曰文安”[4]；“与周、程、朱、张、郡守陆公渊之，同列叙府五忠祠配祀”[5]。该墓是近二十年来四川地区发掘的级别最高的明代品官墓葬，墓葬营建年代较为明确，墓葬形制基本清晰。该墓的发现与研究对我们认识四川地区明代品官墓葬的埋葬制度及社会文化等具有重要的学术价值。

一　发现与概况

2013年7月，宜宾市第七中学的迁建工程在施工过程中发现一座石室墓，规模较大，形制规整，墓内雕刻精美。同年7月至9月，四川省文物考古研究院会同宜宾市博物院对其进行了抢救性发掘，发掘结果表明该墓为明代礼部尚书周洪谟之墓[6]。

（一）墓葬形制

周洪谟墓为石室墓，由地面、地下两部分组成。地面部分仅残存供案、碑座和圈墓石。供案较为简陋，仅有数块石板平铺而成；碑座位于供案之后、圈墓石之前，规格较小；圈墓石呈“U”字形围在墓圹南部，其中南部和东部的圈墓石叠压在墓圹正上方，圈墓石与墓圹内填埋石块的顶部基本平齐。鉴于圈墓石的位置与墓圹具有高度的相关性，可基本确认圈墓石为下葬、填埋后铺设而成；而供案和碑座的规模较小，规格较低，与周洪谟作为一名正二品的官员所应具备的丧葬规格出入较大，因而可能为后人修葺墓葬时所营建。

地下部分由排水沟、墓圹和墓室构成。排水沟从墓室封门中部下方引出，流经碑座东部，略呈弧形最终在墓葬的左前方流出，以青砖为暗槽顶部，槽内填充有石块和碳化竹木，以便导流排泄。墓圹南部有一生土二层台，可能是为便于修建石室时运输、安装较大型的石块而设；石室底板之下依次填有灰砂层、碳层和黄土层，石室的东、西、北三面填土的下部填充鹅卵石，中部沿墓壁平铺青砖、顶部接缝处平铺碳层，填土夯筑而成。墓室为前后室结构，前室横置，后室分东、西两室并列，两者共用一壁。前室券顶，后室平顶。石料主要采用榫接的方式进行连接，接缝处用石灰作为粘合剂，局部使用铁活连接加固。

（二）墓内装饰

墓内石刻内容丰富。在前室墓门和前后室的墓壁上，采用浅浮雕、线刻、透雕的技法，使用仿木构建筑、家具陈设、花草果实、云纹、几何纹等图案进行装饰，局部可能使用彩绘。

仿木建筑类图案主要使用在墓室结构上，例如在前室的两对石门和后室隔墙的明窗，石门均为六抹格扇门；明窗为透雕钱纹。

家具陈设类图案主要使用在墓室的整体构图上，包括墓室两壁上下结构式的屏风图案和后壁的供祭图案，例如在前室两壁壁基处浅浮雕的三弯腿供案、后室壁基处的锦铺须弥座、后龛中浅浮雕的瓶花和牌位等。

花草果实类图案和云纹几何纹图案作为次要图案在整体框架下用以补充、完善墓室的精美程度，其使用范围最为广泛、形式也最为多样。例如在墓门格扇的绦环板和格心部位、前室壁面的角饰、前室壁基中供案的底部、后室壁面的条边、后室壁基锦铺上的条边和龟背纹内部等。

（三）出土文物

由于该墓早年曾被盗掘，仅在排水沟填土中出土陶碗一件，以及在前室中出土一件残破的石质供案。值得注意的是，在前室底部中间位置发现有一处方形铁锈痕，边长64厘米，初步判断这里可能为墓志所在之处。

二　形制与特点

通过对上述考古材料的梳理，并结合历史文献的记载，我们对周洪谟墓的形制与特点有了一些初步的认识。

（一）从墓室后壁的牌位来看，东室为周洪谟之棺室，西室应为周洪谟夫人王氏之棺室，且王氏应晚于周洪谟而亡。

周洪谟墓志铭中明确提到“公配王氏，咸宁教谕锜之女，累封至夫人”，且根据“文武大臣，官为造坟者，夫故在前，并造妻圹；妻故在前，并造夫圹”的规定，西侧墓室应为王夫人无疑。同时，东室后龛中的牌位上刻有死者官职、名讳，而西室后龛的牌位上却为素面，这表明王夫人应晚于周洪谟而亡，理由如下。

首先，从逻辑上来讲，周洪谟墓为其死后由官方负责营建，如王夫人早亡，则必定会在后壁牌位处题刻王夫人之名。

其次，从文献记载上来看，丘濬为周洪谟撰写的墓志铭是由其次子周汝靖在北京所求，文中涉及的基本信息应可信、准确，而在墓志铭中并未提及其母之生辰和死葬年代，这表明当时王夫人理应在世。

最后，从牌位的性质来看，墓室后壁出现的这类牌位应为神主牌位。例如在宜宾郭成夫妇墓中的牌位上题刻为“明诰封夫人鲁氏神主”“明诰封淑人张氏神主”[7]；在平武王祥夫妇墓中的牌位上题刻为“大明宣授从侍郎龙州判官王公讳祥神主之墓”“龙阳郡明氏二孺人之墓”[8]。尽管周洪谟墓内牌位上并未明确题刻“神主”二字，但其性质应代表“神主”无疑。主为亡者所作，是供先人灵魂依凭栖息和供后人祭祀、祈祷的，作主一般要经历设立重、作虞主、作神主与祔祖祭、迁主入庙。在作虞主时，有将主立于墓间的，也有将虞主埋在庙门外和墓葬旁的[9]。在墓内设立神主牌位的现象可能属于作虞主的范畴。因此人未亡，则不能做主。

因此，该墓至少在建造时是设计了王夫人的墓室，而且周洪谟入葬时王夫人理应存世。至于王夫人最终是否附葬、何时附葬的问题目前仍无法回答。一方面，不排除后期附葬时仅在牌位上书丹，并未施刻，且墓葬被盗扰严重，各类遗物损毁殆尽的可能；另一方面，在目前所见的文献资料中均未提到王夫人的死葬情况，而且周洪谟棺室内出土有髹红漆木棺和部分人骨，而王夫人墓室却无任何遗物出土，故也不排除王夫人最终并未附葬此处的可能。

（二）从发现的石质构件来看，周洪谟墓内使用的石质装饰部件，应为在墓葬附近就地雕刻而成。

“按照古代传统，石作行业分成大石作和花石作，大石作匠人称为大石匠，花石作匠人称为花石匠。石雕制品或石活的局部雕刻即由花石作来完成。石雕的类别一般分为‘平活’、‘凿活’、‘透活’和‘圆身’。平活即平雕，它即包括阴纹雕刻，又包括那些‘地儿’略低‘活儿’虽略凸起但表面无凹凸变化的‘阳活’。凿活即浮雕，透活即透雕，圆身即立体雕刻。”[10]简而言之，大石作是将石材进行粗加工，花石作则是对石材进行精细加工。从这个角度来看，周洪谟墓内的石雕类别主要属于平活范畴，个别为透活。

在墓圹南部的墓门外侧填堵封门的石块中，发现有一块壁基残件，从其规格来看与后壁壁基大小一致，装饰图案的轮廓也基本接近，正中部为锦铺图案，主体为须弥座，但均为半成品，仅将平面减平，未打磨并雕刻细部。同时，在圈墓石块中也发现有一块碑座的残件。从前文的分析可知，这些石块应该是营建墓葬时所遗留，尤其是半成品须弥座的发现，可以充分表明在修建墓室时，应该是先通过大石作将石材分割并粗加工后运送至此地，然后通过花石作匠人在墓葬附近就地雕刻，也便于在组装过程中及时修整，同时产生的废件和多余的材料也可以在填埋时再次利用。

（三）从墓内的装饰图案来看，该墓在一定程度上也体现出了男女有别、男尊女卑的观念。

两座墓室的装饰题材与风格一致，但是在细节表现上仍然体现出了不同。就整体而言，周洪谟墓内的图案更为精细、繁杂，而其夫人墓室内的图案则稍微简单。例如前室壁基下部的卷草图案中，西壁下为草叶，东壁下为桃形花蕾；两个墓室隔墙壁基的锦铺图案中，西室的龟背纹较少，仅有 4 排 22 个完整的六边形和两朵莲花，东室的龟背纹较多，有 7 排 72 个完整的六边形和四朵莲花；后壁两侧的瓶花图案中，西室各为一朵花蕾，东室则为盛开的莲花、菊花；后龛的牌位图案中，西室为两只凤鸟相向飞翔，东室为两只凤鸟相背飞翔。

在同样面积的锦铺上，龟背纹雕刻数量的多寡体现着石刻工艺的难度高低；在类似的花卉图案中，从草叶到花蕾、从花蕾到盛开的花朵，从 2 朵莲花到 4 朵莲花等等因素无不体现着时人对夫妻双方地位的认知。

三 意义与价值

第一，周洪谟墓的考古发现是首次对周洪谟相关遗存进行的考古发掘，为研究周洪谟提供了新的方向，具有重要意义。

周洪谟家族三世儒官，本人又是乡试解元、殿试榜眼，入仕四十六载，《明史》有传。丘濬称其为蜀中“国朝以来，既居显位，有文名，而又深于经术者，一人而已”[11]。周洪谟是科举史、翰林史上川籍学子中的佼佼者，是宜宾古代乃至四川明代历史上具有里程碑式的文化名人。一直以来，对周洪谟的研究却仅限在文献、史料、族谱和祖坟碑刻中，此次发掘不仅发现了周洪谟雕刻精美的墓室，还出土了少量棺木残件和人骨标本，找到了周洪谟一生的终点，填补了研究周洪谟历史的一段空白。

第二，周洪谟墓的考古发现在四川明代墓葬研究中具有承上启下的关键作用，对构建宋元明清时期四川地区墓葬研究体系具有重要价值。

宋代以来，包括川、渝、贵在内的西南地区普遍出现了以石材构筑墓室，室内雕刻多种纹样的墓葬形式，在墓葬形制研究中构成了一个相对独立的地理分区。由于这一区域独特的地理环境和文化传统，以石室墓为核心的丧葬形式一直延续至明清时期。尽管在全国范围内，明代墓葬的墓内装饰系统均已走向衰退，而以四川地区为核心的石室墓系统仍然沿着自己的道路前行，部分高级别墓葬继续采用了满室雕刻的装饰风格，甚至到了明代中晚期还出现了新的装饰题材，为国内之罕见。

周洪谟墓是继1999年宜宾郭成墓的考古发掘之后，四川地区发现的官阶最高的明代品官墓葬。同时，周洪谟墓也是四川地区已发现的最早开始使用这种前室横置、后室纵列石室墓的墓葬，它与郭成墓一起构建了四川地区明代中晚期品官墓葬发展演变的基本框架，是西南地区明代品官墓葬的典型代表[12]。

第三，周洪谟墓的考古发现对研究明代品官群体的丧葬形式具有一定价值。

根据《干杉树周氏宗谱》中的记载："《文安公墓记》文安公洪谟墓在宜宾县东，白沙岸上二里有奇，龙首山之隅，与凤山相峙，前神道碑一通，高丈三有奇，上刻对舞双龙，右左边刻松鹤祥云，碑前约六步青石祭室一座，置香炉石烛台，工雕石牌坊上刻有旨'理学名臣'。坊后石翁仲，翁仲前约五步有石碑一座，北刻'奉天诰命'四字，南刻大明弘治帝谕祭文，墓基计总台阶十有六级，墓半圆三面栏护，墓面一湾溪水环带，隙地石马、石羊、石□各一双。民国三十年，周开信于马桑田。"[13]由此可知，至少在1941年，周洪谟墓前仍然保存有神道碑、石质三供、牌坊、石碑、石人、石马、石羊、石虎，墓前有16级台阶，封土前有半圆形的三面围栏。

尽管目前周洪谟墓的墓前设施已基本不存，但从已发掘的情况来看，部分现象也验证了我们对该墓基本情况的判断。例如仅设置三面的圈墓石与封土前的三面围栏呼应，可能确实是因为前低后高的地貌环境而特意使用；现存的供案、碑座规格也与家谱中记载的不同，可见目前发掘的这些设施应为1941年后，因该墓的地面设施被破坏殆尽而重新设置的，这也就解释了它与其应有规格不符的原因。

根据《大明会典》对正二品官员坟茔、碑碣石兽的规定："二品，茔地周围八十步，坟高一丈六尺，围墙高八尺。……二品石碑，盖用麒麟，高二尺八寸，碑身高八尺，阔三尺二寸，龟趺高三尺二寸，石人二，石虎二，石羊二，石马二，石望柱二。"[14]根据《干杉树周氏宗谱》的记载，周洪谟墓的规格与《大明会典》所规定的基本一致，缺少的石望柱可能被早期破坏，而多出来的牌坊和"奉天诰命"碑则可能是因荣恩而特设。

注释

[1] 周兴福:《周洪谟年谱》第194页，中国文史出版社，2013年。

[2]（美）牟复礼、（英）崔瑞德编《剑桥中国明代史1368-1644上卷》第372 ~ 376页，中国社会科学出版社，1992年。

[3] 丘濬:《送太子少保礼部尚书西蜀周公致仕序》,《重编琼台稿》卷十四，文津阁《四库全书》本第1248册，第280～281页。

[4][11] 丘濬:《明故资德大夫正治上卿太子少保礼部尚书谥文安周公墓志铭》,《重编琼台稿》卷二三《墓志铭》，文津阁《四库全书》本第1252册，第271～274页。

[5] 周汝端:《少保公洪谟事略》第212～213页，中国文史出版社，2013年。

[6] 四川省文物考古研究院、宜宾市博物院编《四川宜宾市明代周洪谟墓发掘简报》,《四川文物》2015年第1期。

[7] 四川省文物考古研究编《宜宾县革坪村明代郭成石室墓清理简报》,《四川文物》2002年第5期。

[8] 四川省文管会、绵阳市文化局、平武县文保所编《四川平武明王玺家族墓》,《文物》1989年第7期。

[9] 谭思健:《古代的"主"》,《江西教育学院学报》1991年第4期。

[10] 刘大可编著《中国古建筑瓦石营法》第272～272页，中国建筑工业出版社，1993年。

[12] 郑万泉、连锐:《略论四川明代品官墓葬》,《四川文物》2017年第1期。

[13] 同[1]，第202页。

[14] 申时行等修，赵用贤等纂《大明会典》卷二〇三《工部二三·职官坟茔》第4册第425页，上海古籍出版社，1995年。

宜宾市"长发升""利川永"及"刘鼎兴"酿酒老作坊考古勘探简报

王朝卫 宜宾市博物院副研究馆员

摘 要：通过对宜宾市"长发升""利川永"和"刘鼎兴"三处老作坊进行考古调查、勘探和试掘，并对文化堆积层和发现的灶、排水沟等遗迹，以及出土遗物的分析、考察，可以初步断定"长发升""及"利川永"老作坊创建于明初的可能性是存在的。

关键词：宜宾；酿酒老作坊；考古调查；勘探试掘

宜宾市"长发升"(全称"叙府长发升大曲烧坊")、"利川永""刘鼎兴"三处酿酒作坊，分别位于翠屏区的鼓楼街、长春街和北正街，现均在生产酿酒。2007年9月，宜宾市博物馆（2013年更名为宜宾市博物院）联合四川省文物考古研究院对上述三处酿酒老作坊进行了考古调查勘探，现将本次考古调查勘探情况简报如下。

一 "长发升"老作坊试掘与考古钻探

"长发升"酿酒作坊现存穿斗式木结构建筑，面积约700平方米。我们在作坊内的中后部布1×5米探沟一条，后根据发掘需要在探沟南端扩方0.2米，进行发掘。依据土质、土色，并参考包含物的变化，将地层分为6层。通过对各层所出土的包含物的观察识别，确认第3层属清代堆积形成的文化层，第4层属明代晚期至清代初年形成的文化堆积层，第5层属明代中期的文化堆积层。

"长发升"老作坊所开探沟内发现的遗迹有排水沟2条、灶2座。

（一）除一条为现代排水沟外，另一条排水沟发现于探沟中部，揭露出的排水沟槽长2、宽1、深0.5米。在已开挖好的沟槽内用石板铺底，两边沟壁用不规则条石砌筑而成，沟口用石板封盖。且开口2层下，打破3层、4层，平面呈南北走向。其年代为民国时期。

（二）两座灶位于探沟南端，建造灶所使用的石板、砖铺筑的基础压于5层下，打破6层之生土。灶壁建造在用条石和砖砌筑成的平台上，打破3、4层。灶台用不规则石板围砌，呈圆形。灶的火塘平面呈圆形，向下抹泥内收呈锅底状；火塘下用条石平砌灰道，灰道平面呈长方形。两座灶建在同一平台上，没有叠压或打破关系，所处的年代相当，为明代中期。

（三）出土遗物

“长发升”老作坊所开探沟内发掘清理的文化层堆积中出土有青花瓷片和釉陶片，可辨别的器物有杯、碗、盘、罐、盆、壶等（彩版五）。

其中出土青花瓷碗及其残片共9件，分别有碗内壁绘人物、外壁碗底有“岷府置用”款、碗内壁底有“祥”名款、外壁碗底有“大明成化年制”款、碗内壁底凿有“魁”名款等。

另出土青花杯3件。其中一件为白瓷胎，尖唇，敞口，沿外撇，斜腹壁下收，平底，矮圈足。内壁器口沿饰一周青釉旋纹，腹壁下部二周青釉旋纹，底饰草叶纹，器外壁以青釉饰莲塘荷叶纹，底部有“大明 × ×”款（彩版六）。

还出土1件瓷盘。白瓷胎，尖唇，凭沿，浅腹，圈足。口沿酱色，内壁饰二周旋纹。

二 “利川永”老作坊试掘与考古钻探

我们在距老作坊较近的地方选点布1×5米探沟一条进行发掘。依据土质、土色，并参考包含物的变化，将地层分为3层。其中第2层为清代文化层。揭露出烧火坑1座，房基1座，属近现代废弃后的遗迹。

出土物有青花瓷盘2件。其中一件为灰白瓷胎，尖唇，敞口，斜腹壁下收，环平底，圈足。内壁口沿饰三周旋纹中杂以斜点，底部饰二周旋纹中杂以花瓣，器外壁口沿饰二旋纹，腹下部饰一周宽带纹，在旋纹与宽带纹间杂以波浪与草叶纹，底部有乳突。青花碗2件，其中一件为瓷碗残片，碗外壁底部有“大明年造”底款（彩版七）。釉陶盏1件，酱色陶胎，褐色釉施釉及底，敞口，尖唇浅斜腹，圜平底，圈足。

三 “刘鼎兴”老作坊发掘

我们在“刘鼎兴”老作坊内择地布探沟一条，作坊南侧布探方2个进行试掘。探沟地层分为3层，第2层可确定的年代为清代。两个探方的地层堆积分5层：第2~5层均为清代堆积。

（一）发现房屋建筑基址5座。其中一座为清代建筑遗迹，居住面由板石、青砖拼砌，面积约6.25平方米。发现灰坑6个，坑内堆积为红烧土和炭渣，可辩器物有碗、盘、杯等。灶坑1座，由坑和槽组成，槽用条石、砖砌东、南、北三壁，西壁以自然土为壁。平面呈长方形，东头外侧用砖砌成弧形。

（二）探沟与探方出土有瓷片、陶片和釉陶片，这些出土的陶、瓷片中主要有碗、盘、杯、盏、壶、器盖、勺、有字款瓷片等。其中碗的数量在出土器物中占多数，其次是杯、盘、盏、壶等。也出土少量铜币。

1. 青花碗 12 件（含粉彩 1 件）：主要有外壁腹下部饰莲瓣纹、上饰缠枝花卉纹，内壁饰旋纹、花草纹，外壁圈足，底部有“大清嘉庆年（制）”题款的；也有灰白瓷胎，尖圆唇，施黄白色釉，内壁底饰蝙蝠纹，外壁饰勾画纹的；还有尖方唇，沿外翻，敞口，斜腹壁，圜平底，圈足，器内壁底、外壁饰山水、花草纹饰的。

2. 青花杯 7 件（含 1 件粉彩）：主要有白瓷胎，圜平底，圈足，内壁素面施白釉，外壁施豆青釉间以粉彩花卉纹装饰，圈足底部有“乾隆年制”题款的；也有圆唇，敞口，斜弧壁，圜底，圈足，内、外壁饰灵芝纹的；另有圆唇，敞口，斜弧壁，圜底，圈足，内、外壁以草虫纹装饰的。

3. 青花盘 3 件（含粉彩 1 件）：主要是圆唇，敞口，弧腹壁下收，平底，圈足，内壁饰卷曲状纹饰和尖圆唇，敞口，斜弧壁，平底圈足，施白釉，内壁饰缠枝纹两种。

4. 青花碟 3 件：分别为灰白瓷胎，尖圆唇，斜弧壁下收，圜底，圈足，施白釉，釉色灰中泛黄，饰折枝花卉纹和灰白瓷胎，施釉不及底，釉色白中泛黄，外壁饰团状花纹两类。

5. 青花器盖 3 件（含陶质 1 件）：其中一件为白瓷胎，胎质细腻。圈足状盖钮，盖身、沿残。外壁残存有卷草花卉纹。盖钮中有“大清嘉庆年制”题款。

6. 青花勺 1 件：瓷胎粗糙，制作不精，施釉较劣，釉色泛灰，饰蓝色卷草纹（彩版八）。

7. 釉陶壶 2 件：其一为红褐色粗陶胎，圆唇，杯形口，束颈，广肩，鼓腹，平底。施酱黄色釉，杯形口内壁与外壁施釉不及底，鼓腹处有轮制的旋痕。

8. 有字款瓷片 2 件：分别为平底，环壁状圈足。器内壁底部有“永乐年制”款，和白瓷胎，胎质细腻，瓷胎较厚，底部有“（雍）正年制”款。此铭文题款，字迹工整端庄，一面是白色釉，一面施枣红色釉。

结语

“长发升”“利川永”以及“刘鼎兴”三处酿酒老作坊，是宜宾市酿酒年代最早、生产时间最长、基本保存历史原状、承载着厚重的酿酒历史文化信息的白酒酿制工业文化遗产。其老作坊的地面建筑、地下的老窖池等遗存沿用至今，仍然在继续使用与生产，是五粮液酿酒生产园区内最老的生产车间。特别是“长发升”“利川永”两处，是由明代私家酿制杂粮酒的小（烧房）作坊经过数百年的积淀、传承、发展和振兴才壮大成今日之宜宾五粮液集团，成为酒类行业的龙头企业。2013 年，“长发升”和“利川永”被公布为全国重点文物保护单位。

本次在“长发升”老作坊进行考古调查、勘探的基础上布探沟进行试掘，通过挖掘所获得的文化层堆积表明：堆积可分6层，发现灶2座，排水沟2条。在文化堆积层和灶等遗迹中出土有较为丰富的陶瓷片，经过对这些陶瓷片的胎质、釉色、纹饰、器形和文字年款等因素的分析、考察，可以初步断定：“长发升”老作坊在明代中期已初具规模，酿酒技艺渐趋成熟；结合有关史料分析，“长发升”老作坊的始创年代存在往前推至明代初期的可能性。本次试掘的探沟的第5层，典型出土器物有青花碗、盘、杯等。依据层位，“长发升”探沟内5层下发现的2座灶，其相对年代早于第5层，也就是说，2座灶的年代下限至少与第5层同，即明代中期。发现的灶坑遗迹，应是明代酿酒作坊生产杂粮酒（五粮液前身）的必备加热蒸馏设备之一。因此“长发升”第5层出土的明代青花瓷碗、杯、盘，特别是2座明代灶坑遗迹的发现，对“长发升”老作坊始创于明代，历经清代，沿袭至今提供了科学的实物依据，也证明有关“长发升”老作坊始创于明代的文献记载是可信的，实物史料与文字记载可互为印证、补充。

“利川永”“刘鼎兴”两处老作坊经过调查、勘探和布探沟、探方进行试掘，可知“利川永”老作坊地层的文化堆积层可分为3层，“刘鼎兴”老作坊地层的文化堆积层可分为5层。文化层堆积中包含有较多的陶瓷器残片等文化遗物，这些陶瓷器碎片中能辨认出的器物主要有青花碗、杯、盘、盏、壶、器盖，勺等。有的器物有文字年号题款，如“永乐年制”“雍正年制”“大清嘉庆年制”“乾隆年制”等。这些有年款的瓷器残片出土于探方（沟）、灰坑、房屋基址等堆积单位中，为正确断定“利川永”“刘鼎兴”两处老作坊始建年代提供了重要的年代学依据。有“永乐年制”的瓷片虽然出在T2探方的第2层，但就这件瓷器残片本身的年代观察，当属明代无疑。它出土在“刘鼎兴”老作坊所开探方的地层中，这一地层虽然不是明代地层，但不排除是后来的人们在此活动将早期（明代）地层破坏，并把早期（明代）地层的文化遗物（明代瓷片）带到晚期地层。由于本次调查、勘探和试掘受客观环境限制，故挖掘的面积十分有限。如果今后进一步工作，发现和揭露出明代的地层堆积和与酿酒有关的遗迹单位的可能性是存在的。在“利川永”“刘鼎兴”两处老作坊挖掘的探沟（方）中，清理的遗迹有灰道6个，房基址五座，灶1座，共计12个遗迹单位。这些遗迹单位依据其所在地层的层位，可初步判断其所属年代为清代或清代以后。这表明，清代以来人们在“利川永”“刘鼎兴”两处老作坊及其附近的活动十分频繁、剧烈。另一方面，从上述所列有年号题款的瓷器残片看，以历史性的眼光观察“利川永”“刘鼎兴”两处老作坊酿酒的历史，依据有关史志记载和出土遗物，从明代至清乾隆直至近现代，其酿酒作坊传承有序，初步勾画出其发展、演变和壮大的历史轮廓，脉络清晰可辨。故“利川永”“刘鼎兴”两处老作坊经过调查、勘探和布探沟、探方进行试掘，所获取的考古资料是“利川永”“刘鼎兴”酿酒作坊的历史见证；同时对认知五粮液酿酒历史的发展过程，有着不可替代的实物史料价值。

“长发升”“利川永”和“刘鼎兴”老作坊的文物考古调查、勘探和试掘表明，其地层划分与揭露出的遗迹单位的层位关系清楚。特别是“长发升”作坊探沟内揭露的开口在5层下的灶坑遗迹，是明代与酿酒有关的重要遗迹。堆积单位中出土较为丰富的陶瓷片等文化遗物，涵盖明代，历经清代，且延续至近现代，与文献记载相吻合，同时在某些方面也填补了文献记载的不足。

考古发掘证实宜宾市“长发升”及“利川永”老作坊创建于明初的可能性是存在的，其15口明清老窖池至今仍在使用。作坊建筑均较好地保留了明清时期“前店后厂”式的平面布局和基本构架，并仍在使用原有的操作流程和酿造工艺生产优质五粮液酒。这或许是我国唯一现存的最早的地穴式曲酒发酵窖池，在中国酿酒业中十分鲜见，享有窖酿传承“活文物”的美誉，有着重要的历史文化价值。“长发升”“利川永””及“刘鼎兴”老窖池群都采用黄泥构建，从明清以来一直未停止过发酵，使其成为了多种功能性微生物优化、积累的宝库，有可能成为世界上独一无二的生物发酵设备，最终形成五粮液酒独特的、浓郁的“窖香”特征。因此，从某种意义上讲，三处老窖池群既是我国传统酿酒技术的科研课堂，又是微生物学界酿酒类微生物物种及其在发酵酿酒中作用的研究实例，具有重要的科学研究价值。

综上所述，“长发升”“利川永”和“刘鼎兴”三处酿酒作坊历史久远，文化内涵丰富，是我国传统白酒工业的重要文化遗产。传承、保护上述白酒作坊遗存，对我国传统的白酒酿制工业的发扬光大，不仅具有现实的经济效益，同时具有广泛而深远的社会效益。

南溪出土《宋杨君承事墓碣》考析

陈 勇 宜宾市南溪区文物管理所所长

摘 要：《宋杨君承事墓碣》2012年出土于四川省宜宾市南溪区南溪镇川主村长顺坡南面坡脚断坎一宋墓内。墓志为石质长方形，素面略风化，墓志规格为74×55×8cm。志文首行行书题《宋杨君承事墓碣》7字志名，铭文从右至左竖读，计16行，满行13字，凡208字，对墓主杨尟的个人经历和子孙三代传承情况都作了简要描述。铭文内容对填补南溪历史空白、佐证地方史志、研究宋代川南民间墓葬习俗有一定作用，有极高的史料价值。

关键词：宋代；墓碣；鱣堂；长顺坡

2012年5月下旬，四川省文物考古研究院、宜宾市博物院、南溪区文物管理所组成考古队对位于宜宾市南溪区南溪镇川主村长顺坡南面坡脚断坎上的墓地进行了抢救性发掘（图一）。2012年8月底，发掘工作顺利结束，并取得了重要的成果。整个发掘过程历时3个月，共发掘、清理墓葬25座，其中东汉崖墓4座，宋代石室墓8座，明清墓葬13座。在出土的8座宋墓中，M9的甬道内发现墓志一块。该墓志为石质长方形，素面略风化，墓志规格为74×55×8cm（图二）。志文首行行书题《宋杨君承事墓碣》7字志名，铭文从右至左计16行，满行13字，凡208字，可清楚识别197字。志文对墓主杨尟的个人生平和子孙三代传承情况都作了简要描述。铭文内容对填补南溪历史空白、佐证地方史志、研究宋代川南民间墓葬习俗具有一定作用。现将志文标点断句，并作考证分析，有不当之处，敬请方家批评指正。

一 墓志录文断句考析

宋楊君承事墓碣

君諱尟/字仲美/系出鱣堂/後以宦游入蜀/占籍于叙之南溪/君少而谨/愿□□书史/崇觀中/较藝鄉校籍然有聲/以父喪/母老/志不能遂/君生於元祐

己巳歲季冬十有八日/以紹興丁卯九月念七日無疾而逝/年五十有九/先娶周氏/再□□氏/男三人/長曰茂/先君十七□□/次曰齊/肇修瞿曇行/季曰丙/□□□舉吏部補進武校尉/女三人/長適史进/次適宋驥/皆先君乎/季後君三年未娉而喪/孫男二人/元老□老/孫女二人/皆稚/君二子以紹興庚午十月十七日舉君之柩葬縣西卧龍山之陽/從祖塋也/□友楊覺撰及書丹以藏其宅兆

图一　发掘现场照

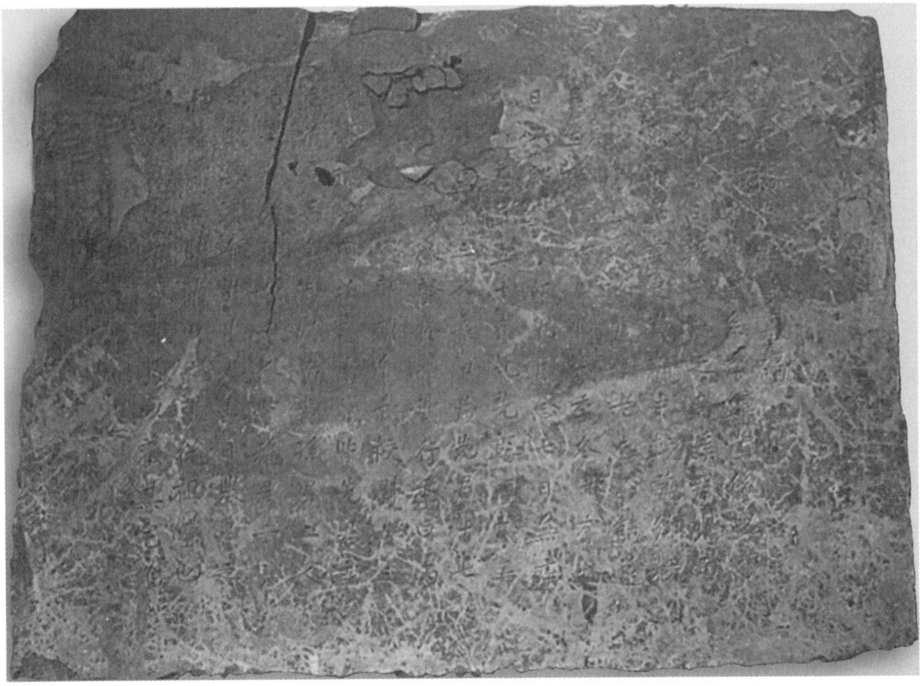

图二　出土墓志

（一）墓主家族传承情况

1. 墓主人

从志文中可知，墓主人姓杨名趯，字仲美，《宋史》无考，南溪史料亦无记载。此人出自黌堂，也就是古人讲学之所[1]，可见墓主人是一个颇具学问之人。从志文“宦游入蜀”中可以看出，墓主原籍并非蜀中人士，而是他为谋取仕途，游历蜀中拜访权贵、广交朋友期间，受蜀地的鼎盛人文与淳朴民风影响，于是举家迁居蜀地并定籍于“叙之南溪”，也就是我们现在的宜宾市南溪区。迁居时间未作叙述。“叙”，叙州，宜宾之古称，在北宋政和四年（1114 年）改戎州称叙州。这里也告诉我们一个信息，墓主迁居南溪应该是在 1114 年之后。“南溪”古称南广，在隋朝大业初，改称南溪。志文还提及墓主年少时在家乡因好学而颇具声望，本想在学问上有一番大的作为，但由于父亲早逝，母亲又年老多病需要照顾，所以志愿未能达成，五十九岁得以善终。

2. 配偶

墓志对墓主人配偶的叙述较为简单，共娶有两房妻室，一为周姓，另外一人姓氏因碑文风化剥落难以辨别。

3. 子女

墓志中对墓主子女情况的叙述较为清晰。墓主生有三子三女，长子名茂，次子名齐。志文提到次子“肇修瞿曇行”，瞿昙，释迦摩尼的姓，一语乔达摩（Gautama），亦作佛的代称[2]。由此可分析，次子应该是出家做了和尚。三子名丙，是墓主子女中唯一一个步入仕途的，由吏部举荐做了进武校尉，也就是宋代的武散官，属正九品官衔[3]。三个女儿中，长女嫁与史进，次女嫁给了宋骥，而三女则在墓主死后第三年尚未出嫁便去世了。

4. 孙子、孙女

分别有孙子和孙女各两人，在墓主去世之时年龄还很小。

（二）志文的编撰与书写

从志文“□友楊覺撰及書丹以藏其宅兆”可以得知，这篇墓志的编撰以及书写是出自同一人，也就是墓主的好友杨觉。铭文以行书书写，字体颇具黄庭坚之书风。这里简要说一下什么是“書丹”：古人刻碑首先是要书碑，书碑有两种方法，一种是模勒上石，用透明的纸附在原帖之上，钩勒出字的轮廓，再在钩好的纸的背面，用朱砂再次反钩出轮廓，亦称双钩；另一种就是书丹，即用笔蘸朱砂，直接在石头上写字以备镌刻。

（三）关于墓志中几个时间节点的分析

1. 墓主生卒年

志文中提到：“君生于元祐己巳岁季冬十有八日，以绍兴丁卯九月念七日无疾而逝，年五十有九。”由此可知，墓主杨趯是生于元祐己巳年，卒于绍兴丁卯年。元祐是北宋哲宗赵煦登基后的第一个年号，时间是 1086~1094 年；元祐己巳年也就是元祐四年，即 1089 年。而绍兴是南宋第一个皇帝宋高宗赵构登基后使用的第二个年号，时间是 1131~1162

年；绍兴丁卯年也就是绍兴十七年，即1147年。由此可以确定，墓主杨韪应该是生于北宋哲宗元祐四年（1089年），卒于南宋高宗绍兴十七年（1147年）。

2.“崇观中”的解析

墓主年少时聪敏好学，在家乡颇具才名。志文说其“崇观中，较艺乡校籍然有声”，就是说在崇观年间，墓主杨韪在乡里经常参与文学比试，已经非常有名气了。“崇观”是宋徽宗赵佶在位时使用的第二个年号崇宁（1102~1106年）与第三个年号大观（1107~1110年）的合称，语出有宋俞文豹著《吹剑录外集》：“虽大宰腾如崇观间，贼京钳天下，屏气不得吐，而邓肃进诗讽谏花石，京欲罪之，上嘉其意。”按照墓主年龄推算，崇观年间也就是墓主13~21岁时，也是其迁居南溪之前。如此年轻就能以文采闻名乡里，也就不难解释其能出自鳣堂这种地方了。

3.墓主入殓时间

志文中提及：“君二子以绍兴庚午十月十七日举君之柩葬县西卧龙山之阳，从祖茔也。”绍兴庚午年，即绍兴二十年（1150年）。而墓主卒年是1147年，也就是说墓主的儿子是在其去世三年后才将其棺柩入殓于南溪县西的卧龙山山南。而前面我们也分析了墓主最小的女儿是在墓主去世后第三年去世的，两个时间相吻合，可以确定他们父女二人是同时下葬。最后的“从祖茔也”，祖茔是什么意思呢？《汉语词典》中注解：“祖，祖辈，父亲的上一辈；茔，坟墓，坟地，祖茔，也就是祖辈的坟地。”由于墓主杨韪是外来迁居于此地，所以铭文中的“从祖茔也”理解应是墓主人所葬之地从此以后就作为杨家的祖坟地。

二　墓志历史文化价值研究

（一）墓志所反映出的宋代丧葬文化

宋代丧葬文化在两个方面较为突出：一是葬地选择故里的祖茔之地；二是树碑立传不再是高官贵族的特权，而成为了普通百姓的生活内容。前者是中国传统文化的共同现象，后者是宋代墓志中所体现出的特殊社会现象。下面就浅谈一下该墓志所反映出的两宋之交时的丧葬文化。

1.选择新住地为祖茔地

从目前所见的宋代墓志文献看，人们去世后大部分都是葬于故乡祖茔地，只有极少部分是葬于外乡，这是中国丧葬文化的传统，也是各时代墓志文献中所表现出来的共同倾向。魂归故里是当时人们最理想的结局，死者的后人基本上也要为死者实现这一愿望。但我们今天所研究的墓志却有其特殊性，既谈不上本质上的魂归故里，又算不上客死异乡，为什么呢？从志文中我们了解墓主原籍并非南溪，而是游历蜀中后迁居南溪，也就是说墓主人当时已经确定要将南溪作为今后的家族居住繁衍之地，应当算得上是第二故里了。志文中最后谈到的“从祖茔也”，就足以说明这个问题。所以从另一个角度来说，墓主也算是魂归故里。而且，宋代也不乏有这类似的情况，如《尉文政墓志铭》（北宋元丰二年）所记载，由于全家迁居新所，遂以新住地为葬地，后人将尉文政及其妻“合祔于云居乡韩城里韩城村之新茔也”。可见，选择新住地作为祖茔地在当时已经不鲜见。

2. 树碑立传不再是高官贵族的特权

在宋代的墓志文中，我们已经可以看到一些墓志的墓主只是普通百姓，生前并没有什么社会地位或功名封号。如《吴承膺墓志》（北宋大观二年）中记载：“温之瑞邑义翔乡小玉村之良民……数世于兹，逮公之为人赋性敦朴，尤善于家。前人之田，公能避之；前人之基，公能构之。”又如《张敬德墓志铭》（北宋雍熙二年）的墓主也是普通村民，墓志中甚至还记载了墓主之子和他人互换耕田以选定坟地的事情。而我们从《宋杨君承事墓碣》志文中可以了解到，墓主杨韪生前并无入仕经历，尽管有个儿子成了进武校尉的九品官员，但也说不上是达官贵族，墓主本人也就是一普通百姓。由此可以看出，死后立碑写传在宋代已经具有一定的普遍性。可能是耗费财力不多，树碑立传不像魏晋时期那样只是少数官宦人士的特权，志文撰写的形式和内容也相对变得自由随意。

（二）墓志所反映出的宋代人际关系

宋代墓志文献中凸显的人际关系有多种，如夫妻、父子、母子、妯娌、邻里关系等，这些内容通过宋代其他传世文献亦可以进行研究。这里笔者主要从墓志撰写者与墓主的关系这一角度来进行探讨。

在我们所知的墓志中，墓志撰写者的身份大致分五种：一是亲人，二是朋友，三是奉敕撰写者，四是专业写手或算命先生，五是无名者，其中亲人与朋友撰写的情况占70%左右。这是因为墓志撰写要记述墓主生平，这就需要对墓主的经历非常了解，故亲人自然首列其位。夫为妻、子为父母、父为子、兄为弟或弟为兄写，这种铭文也就停留在言辞恳切，真挚感人上。而要真正突出墓主优点，对其作出一个客观真实的评价，还是需要朋友为其撰写方能实现。因为墓志不管是给阴间的人看还是给在世的后人阅读，都必须要写得真实、感人、可信，由此方能激发读者的共鸣和认可，所以死者的后人都会委托死者生前有名望的好友为死者撰写墓志铭。《宋杨君承事墓碣》中最后一行“□友杨觉撰及书丹以藏其宅兆”就正好说明这一点。而且撰铭者杨觉在叙述墓主生平时对墓主迁居南溪之前的生活情况都十分了解，由此可知两人交情非比寻常，也能看出墓主生前在地方上的人际交往十分融洽。

（三）墓志对于南溪地方史志的贡献

1. 南溪地方文献民国版《南溪县志·卷九·人士篇》收录的南溪籍宋代名士有三，一是南宋绍兴年间（1131~1162年）进士许志宁，二是南宋开禧（1205~1207年）初年的进士史子忠，三是南宋嘉定年间（1208~1224年）进士杜善祥，三人都是以文官入仕，尚无武官记载。墓志中叙述墓主的第三个儿子被举荐到吏部补了一个“进武校尉”，是正九品武官衔，完全可以将其收录于文献中，丰富南溪地方人物史料。

2. 墓志中提到“君二子以绍兴庚午十月十七日举君之柩葬县西卧龙山之阳”，这里需要对墓主葬地“卧龙山”进行考析。2012年的考古发掘工作确定的发掘位置是“宜宾市南溪区南溪镇川主村长顺坡南面坡脚”，“长顺坡”这一小地名是当地村民向考古发掘人员提供的，应是地方上一直沿用下来的称呼。而据民国版《南溪县志·卷一·舆地篇·山脉（附名山）》中对该位置记载为：“铁柱山：在县西五里，…形如铁柱，前绕大江，左右双溪如带。”并无“卧龙山”之记载。由此，该志文正好佐证了葬地位置在宋代的称谓，填补南溪地方史料中的名山空白。

3. 该墓志是南溪迄今为止发现的除旧志所载墓志铭外的唯一一块实物墓志，具有极高的研究价值和收藏价值。

通过以上的考证分析我们应当看到，宋代墓志文献作为历史文化、语言词汇等研究方面的新材料，不但有助于我们了解宋代各阶层社会现象，如丧葬习俗、人际交往、家庭道德伦理等，而且也有助于我们了解宋代墓志文献的文体书风，更为丰富地方文献史料、收集汉语言词汇语料提供了有效保障，值得我们去认真研究。

注释

[1]《后汉书》卷五十四《杨震列传·杨震》~ 759 记载：“震少好学，受欧阳尚书于太常桓郁，明经博览，无不穷究。诸儒谓之语曰：‘关西孔子杨伯起’。常客居于湖，不荅州郡礼命数十年，众人谓之晚暮，而震志愈笃。后有冠雀衔三鳣鱼，飞集讲堂前，都讲取鱼进曰：‘蛇鳣者，卿大夫服之象也。数三者，法三台也。先生自此升也’。”从此后人便将讲学之所称之为鳣堂。

[2]《辽史·礼志六》记载：“悉达太子者，西域净梵王子，姓瞿昙氏，名释迦摩尼，以其觉性，称之曰佛。”

[3]《中国历代职官辞典》（江西教育出版社，1998）：南宋武散官职级排列制度，从最高级别的太尉到最低级别的守阙进勇副尉，共分60阶，进武校尉列第五十三阶，品阶为正九品官衔。

参考文献

王海平：《宋代墓志文献管窥》，《广播电视大学学报》（哲学社会科学版），2011年第3期。

四川省南溪县志编纂委员会《南溪县志》，四川人民出版社，1992年。

毛克强主编《南溪历史文化丛书：历代名人录》，中国文联出版社，2014年。

毛克强主编《南溪历史文化丛书：南溪文化》，中国文联出版社，2014年。

明稿本《云台胜纪》与三台县云台观

姚　军　四川省文物考古研究院副院长、研究馆员

一

《云台胜纪》[1]成书于明万历十九年（1591），为四川隆昌县人郭元翰编著。稿本为纸本，楷体墨书，线装，开本40×21厘米，版心32.5×18厘米。全书共83个筒子页，除第五卷部分内容因字小而达十一行外，一般每页为楷书六行。除下册最后几页部分字被虫蛀蚀脱落外，稿本保存基本完好（彩版九）。

稿本分上、下两册。第四卷内容被折分后分别归入上、下册，显系是根据稿本的厚度而分册、装订的。

《云台胜纪》实为记载三台县云台观的志书。全书五卷，第一卷《启圣实录》，第二卷《云台十景》，第三卷《玄帝经文》，第四卷《灵爽显应》，第五卷《天府留题》。前有郭元翰的叔辈兄弟郭元柱所作的《刻〈云台胜纪〉序》，末有郭元翰的《〈云台胜纪〉后序》。

稿本经点逗，用红色圈号标识。

二

《云台胜纪》虽说是云台观的志书，但其中夹杂有较多的神话成分。

第一卷《启圣实录》，系引用、删减，综合及发挥道家经典《玄天上帝启圣录》而成，由“金阙化身”“诞修得道”“参陛降魔”“复位坎宫”“游驾西蜀”“结屋云台”“梧桐修炼”“营修巨殿”“铁像腾空”“留题还位”等十个连环画式的故事组成。说其引用，是因为十个故事中个别故事是原文照搬，如“金阙化身”[2]。十个故事中部分故事又是将《玄天上帝启圣录》中的多个故事通过删减和综合等方式再加工而成，如“诞修得道”即包括了《玄天上帝启圣录》中“王宫诞圣”“经书默会”“辞亲慕道”“元均授道”“天帝赐剑”“涧阻群臣”“童真内炼”“悟杵成针”“折梅寄榔”“蓬莱仙侣”“紫霄圆道”“五龙捧圣”“三天诏命”“白日上升”等故事。“参陛降魔”则根据《玄天上帝启圣录》中“玉陛朝

参”“真庆仙都”“玉清演法”“朝觐天颜”“降魔洞阴”“分判人鬼”“凯还清都”等内容编撰而成。“复位坎宫”则包括《玄天上帝启圣录》中的“复位坎宫”“玉京较功”“琼台受册”“天宫家庆”“紫霄禹迹”等内容[3]。而“游驾西蜀”“结屋云台”“梧桐修炼”“营修巨殿”“铁像腾空”“留题还位”等故事则可能是根据《玄天上帝启圣录》卷三“蜀王归顺”的故事加上民间口耳相传的故事（这些故事还可能有纸本流传）演绎而成。编者郭元翰也说“阅之（即《启圣实录》）所纪，皆武当旧本，非云台事迹”，为了使云台观与武当山齐名，提升云台观的知名度，乃“访其遗书，考之碑傅”“遂辑其详”（卷一）。借助于名人、神仙以提升其知名度，是古代常用之法。也正是如此，稿本中的神话色彩也就很浓厚。

第二卷“云台十景”，即以“帝所自标题”的云台十大名胜，后来由玄帝原韵的“名公之作”，及涉及观中重要建筑如“宝殿”“拱宸楼”的“修葺之事”构成。

“云台十景”实为假托玄帝所作。据郭元翰的按语，后来“名公之作”的“十景”还有图，从“仍图其形势之奇”推测，这些图当在郭以前就存在，并为郭等人所见，然现存稿本中除在相关“景”之首题“有图”外，不见图，可能“十景”图为独立成册之故。且“景”之首“有图，韵”三字均小于正文文字，笔体亦不同，综观全书，当为郭元翰之笔注。

第三卷“玄帝经文”，由“真武咒”“奉礼咒”（仅有目）、“垂训文”组成。按郭元翰的原意，因玄帝“垂训文”“第流传未广，尚有阻于见闻者”，加之垂训经文“无非欲人去恶为善”，故“特编辑”，并与“三咒”一起收入本卷。但“三咒”仅存“真武”等两咒，而“奉礼咒”因“字未明，未书”，仅有目。

第四卷“灵爽显应”记载玄帝“灵应”之事，包括“鸾书呈瑞”“灵威卫驾”“骤雨迎车”“降魔遗迹”“彩雾腾光”“甘霖应祷”“梦清常住”“感认贫婆”“暗刑惩恶”等九个故事。其中“鸾书呈瑞”中记载的蜀献王入蜀时神话般的所见与后来神奇的“凡祈祷，靡不灵异”，及差官“除纳粮，周围空闲田地十三段，永充常住，而焚献于神，专为保国宁家计”，“比即捐金，命匠翻盖正殿，整饬楼台”，这些举措使得云台观的等级非同一般道观。而其他“灵应”之事，又带有深刻的《玄天上帝启圣录》之烙印。

第五卷也是全书最有价值的内容。收录与云台观相关的文献，包括“记”5篇（其中有一篇因“字未明，未写”），“赞”1篇，“跋”1篇，32人“诗词”名作38首，及15处重要建筑的楹联23副，匾额11个。所收文献集中于明正统至万历十九年《云台胜纪》成书。

三

之所以说《云台胜纪》实际是由郭元翰主持编辑而成的志书，除了整个稿本中除了郭元翰的两首诗、基本没有他本人的东西外，稿本中还多次提及：

郭元柱序：“爰删集而重梓之，以广

其传。”

第一卷“启圣实录”基本为《玄天上帝启圣录》内容。

第二卷“云台十景”按语：

《云台十景》乃帝所自标题者。升隐后鸾降十绝，余特录梓，以昭其盛。仍图其形势之奇，并以名公之作、修葺之事，纪之于后，以便观览云。

第三卷“玄帝经文”的按语中，郭云：

帝有《垂训》经文，所以永示劝戒。无非欲人去恶为善耳。第流传未广，尚有阻于见闻者。予特编辑，并其三咒俱入锓梓，以期远布。

但实际上三咒中仅有两咒，其中“奉礼咒”因“字未明，未书”。

第四卷“灵爽显应”之“暗刑惩恶”故事，因“灵官刑恶事多，但字不明，未写全”，可证在编纂时是有所本的，但因所本者因字不明而只誊录了可辨的部分。且本卷的内容基本为明代的故事，尤以距离编纂者生活最近和编纂者本身所处时期最为集中。

第五卷“天府留题”首行云“前一篇字未明，未写，从次篇写起”，亦可证前言。就连其叔辈兄弟郭元柱的大作也是“此处少一篇，接不起”[4]。

末尾按语：

云台胜境俱见诸名公制中，弟数百年来苦无编梓，故必登其境，方睹其盛。余两叩谒，慨其美而未传，因命羽士陈范符采集各碑，得诗、文、词、对数篇，录以付梓。

此为最直接和最明确的说法。

但不论如何，郭元翰将散存的与云台观相关的文献进行收集、整理，并编纂成书，对了解和研究云台观的历史无疑是一大贡献。另外，稿本中所收录的记、诗词等不见于其他文献，或为其他相关收集但所未全者，既可补相关文献史料之不足，又对研究诗词作者提供了重要的第一手资料。

四

郭元翰之所以主持编纂《云台胜纪》，其目的有二：

其一，郭元翰登云台祈嗣，感玄天上帝“赐男祥之兆”，不到两年即如愿以偿，“乃知神之显应”，于是再登云台，“重叩真灵求嗣应”“聊写丹衷謝上玄”[5]，也就是现在所说的许愿、还愿。

其二，慨叹云台虽美，却不能流传。郭氏兄弟认为，玄天上帝的琳宫、金像遍寰宇，但湖北的武当山和四川的云台山应当是数一数二的。虽“胜境俱见诸名公制中”，但苦其“未传”，游览者只有登临云台，“方睹其盛”。乃“命羽士陈范符采集各碑，得诗、文、词、对数篇，录以付梓”，以广其传[6]。

也就是说，郭元翰登云台祈嗣获应，“以广其传”乃其发愿，“显应”后郭元翰即搜罗相关文献，“录以付梓”，编纂而成《云台胜纪》一书。

事实上，郭元翰主持编纂《云台胜纪》的初衷是“采集各碑”“录以付梓”“捐赀锓梓”“以广其传”。然在现存的目录文献资料中不见《云台胜纪》。明人曹学佺在其《蜀中广记》卷七十六“仙人记”有关于赵法应的引用记载，文中注其出处云“无著”[7]。“名胜记”中亦无祐圣寺（观）或云台观之记载[8]。明万历中人何宇度在其《益部谈资》卷上云：“玄帝幻身在今中江之云台山，峰岫逶迤，殿宇弘丽，乞灵者踵接。另有《志》可考。”按曹学佺为官所至之处皆记录当地名胜，《蜀中广记》是其在蜀为官时记载蜀地名胜古迹、风土人情之作，但书中未言“云台观”，其所说的“无著”亦显然不是指《云台胜纪》。《益部谈资》中“有《志》可考”之“志”[9]，似指云台山。郭元翰与何宇度均为万历中人，两者时代相同或相近，按理说《云台胜纪》如果付梓，何宇度所说的“志”应该明确地指出，但事实却并非如此。因此，我们有理由认为，郭元翰仅主持了《云台胜纪》的资料收录，但却没有“付梓”，因此流传很有限。

我们之所以说其没有“付梓”，还有一个证据，就是整个稿本用楷体墨书，然后装裱成册。在装裱前，稿本须经整体裁截，现稿本可见个别页的下面一排字中有的被拦腰截去，然后又用小字补书于下行的行首，此其一。其二，整个稿本中既有墨书圈点，也有朱色圈涂。无论是圈点还是圈涂，都显然是对在校对稿本过程中发现的不妥之处进行的修改（原誊录者发现录错后即将正确的字书于错字下面，错字亦用墨点涂，这种情况除外），更改的字写于原字右侧，但旁注字体不一，显然出自两人之手。墨色圈点与朱色圈涂是两次校勘过程。从全稿本看，点涂在前，圈涂在后，因为大多经校勘的字是两种情形同时并存，而有的字仅经朱色圈涂。而这两次校勘者应该就是郭元翰本人。

显然，郭元翰所谓的“付梓”是出资请人收集资料、抄录，装裱后编纂成册，而并没有完成“捐赀锓梓”。

五

郭元翰编辑《云台胜纪》是想通过该书，可使来客“不必登山，而玄帝降生之由，垂教之意，显应之灵，与夫云台形势之盛名”“昭然万方册中”“千载后则兹刻不至为覆瓿，而玄帝在天之灵，宁无所顾乎哉！”

显然，郭的本意主要还是关于玄帝的降生、垂教及灵应，其次才是云台的形势。因此，全书中大量的篇幅是关于玄帝之事的，全书仅第二卷的部分内容和第五卷全卷是关于云台观的，这也是本书的精华所在。

从现有的关于云台观的文献资料看，有相当部分也是关于玄帝八十三化身托生赵岩，后在云台山修炼的。就时间而言，有些文献资料是在郭编辑《云台胜纪》之前就已经流传了的，而这些资料可能成为郭编辑《云台胜纪》的资料来源。

关于云台观的直接的资料主要是一些“记”类:《云台胜纪》中收录的五篇（实际是四篇）“记”中,《淳化王新建天乙阁记》《蜀王重修拱宸楼记》《肃王进圣像记》为其他文献中所不见，而《重修云台观记》则见于沈昭兴纂修的《嘉庆重修三台县志》(嘉庆甲戌刻本，彩版一〇)，后亦收入林志茂、谢勷等纂修的《民国三台县志》。但这四篇“记”在郭编辑的《云台胜纪》中并没有著撰者，这是其缺陷。好在有些资料可与《嘉庆重修三台县志》等互相校证，如《重修云台观记》在《嘉庆重修三台县志》中为明代眉山人万安所撰。根据这个线索，可以查找作者万安的信息。另外,《嘉庆重修三台县志》及《民国三台县志》中收录的《重修云台观记》中有“二付则承奉正宋景院亨之所施也”“宋景院亨”不得其解，参郭书则为“二付则承奉正宋景阮亨之所施也”，可知“院亨”为“阮亨”之误。

尤其重要的是,《云台胜纪》还收录了许多不见于《三台县志》等文献中的关于云台观的资料，如诗词、对联等，这对研究云台观的历史及三台县的历史文化是相当重要的。

六

从《云台胜纪》的记载看，明万历十九年（1591 年）时，云台观建筑有头天门、二天门、三天门、圈洞门、山门、拱宸楼、天乙阁、八角楼、茅屋殿、中殿、正殿及梓潼殿、龙王宫。《云台胜纪》卷五在记载这些建筑时采用了先主后次的原则，根据这个记载及现存建筑的情况，头天门、二天门、三天门、圈洞门、山门、拱宸楼、中殿、正殿应该是建筑群中轴线上的主要建筑，天乙阁、八角楼、茅屋殿是建筑群内的次要建筑，应该是分布于建筑中轴线两侧的建筑。龙王宫应该是分布于头天门外。梓潼殿当是位于头天门与二天门之间中轴线侧的建筑（彩版一一)。

《云台胜纪》之后关于云台观的记载，以林志茂、谢勷等纂修的《民国三台县志》(民国二十年铅印）为多，卷一“舆地志”、卷二十二“艺文志”、卷二十五“礼俗志”、卷二十六“杂志”等均有提及，其记载可与《云台胜纪》在时代上衔接。卷二十二“艺文志”收录的清人罗意辰的《云台山佑圣观碑》(光绪癸巳年，即 1893 年)，是最为直接的史料。根据县志资料可知，云台观于万历三十二年毁于大火，后蜀王出资修复。光绪丙戌前殿及拱宸楼毁于大火，仅存玄天宫及山门内九间房等，后在前殿及拱宸楼基址改建降魔殿[10]。似乎万历三十二年后至光绪一十二年的二百余年间，云台观一直平安无事，或者无大事。

通过《云台胜纪》及《民国三台县志》的相关记载，我们大体可以确定现存建筑的时代。云台观现存建筑由南向北，中轴线上的建筑有云台胜境坊、玉带桥、华表、三合门、拱券门、青龙白虎殿、灵官殿、降魔殿、香厅（玉皇殿)、玄天宫，次要建筑有“十殿”、观音殿、城隍殿、九间房、钟鼓楼、茅庵殿。

整个建筑群依山负势，根据地形的起伏灵活布置。建筑群由南向北，绵延数千米，建筑面积5550平方米，占地300余亩。三合门以南，包括华表、玉带桥、云台胜境坊以及云台胜境坊以北的三重门，根据山脊地形的走向布局，建筑以砖、石铺砌的道路相连，似一气呵成而又若隐若现。三合门外原有高大的石狮两个（现黄桷树前），现已不存。从三合门开始向南，建筑根据地形的起伏分为两个部分：三合门至九间房，地势逐级降低；从灵官殿开始，地势又逐级抬升，整个地势在九间房处为最低。

从三合门进入至拱券门，形成一进院落，包括三合门、十殿等建筑。

拱券门向北至青龙白虎殿，形成一进院落，建筑包括城隍殿、观音殿。

青龙白虎殿向北至灵官殿，形成一进院落，建筑有东、西九间房。

经楼至玄天宫为建筑群布局的最后一进院落，建筑包括香亭及钟鼓楼和仓楼、百子殿等。原玄天宫西有三清殿及放生池，东有茅庵殿，今已不存。后在茅庵殿原址建祖师殿，供云台观祖师像。仓楼（东）和百子殿（西）在1962~1990年7月为县精神病院占用期间毁坏，后重新修建。

从灵官殿、降魔殿为过渡建筑。

云台胜境坊，华版有“大明正德元年培修”题记，当在正德元年前就存在。清代有修缮。

华表是建筑等级的象征，在相关史料中亦不载。但根据《云台胜纪》中蜀藩王对云台观一直很重视的记载，推测华表在明代就已经有了。

玉带桥，史料无记载，从建筑形制看，应为清代所建。

三合门，中门门额砌石上有“同治年二月廿八日”题记。结合《云台胜纪》的记载，三合门至圈洞门之间，包括两侧的“十殿”建筑，当建于清代。

圈洞门，正面与背面均镌有对联。《云台胜记》卷五录有圈洞门的门额和楹联：“蓬莱境”“矗矗名山真海岛，巍巍胜境类蓬莱”；“干元洞天”“干元福地人间少，茅屋云台天下无”。与现在拱券门背面和正面门额、楹联完全相符，可知圈洞门即为现在所说的拱券门。

山门，或为今青龙白虎殿。

前殿及拱宸楼，万历三十二年毁于大火[11]。后在其基址上新建“降魔殿”。

中殿，《云台胜记》第五卷“天府留题”收录中殿楹联一副：

乾坤完不毁之金躯，咫尺间圣武神威如在，

坎水沛无疆之膏泽，亿万载尧天舜日同亨。

从对联看，殿中供有金身塑像。塑像主人是何方神圣不确定。清道光二十九年，罗昶《补修三皇观碑记》言及云台观时云：“元帝殿其最上也，次及灵官殿。由二十四道石梯而下，有楼曰拱宸，上出冲霄，下临无地，真人间天上也。”则中殿当为灵官殿。

正殿，《云台胜记》第五卷“天府留题”收录正殿对联：

生本王相，元气未曾还，造化温润常兴山。

坐非泥塑，后身不必换，如来精灵永随日。

从对联看，当为现在的玄天宫，该建筑为明代遗构。

头天门、二天门、三天门、茅屋殿、梓潼殿和龙王宫等建筑均毁，后部分建筑在原址新建。

另外，文献记载中的天一阁（或云天乙阁、天乙楼）、八角阁须特别说明一下。

关于天一阁（或云天乙阁、天乙楼），《云台胜记》“天府留题第五卷”《淳化王新建天乙阁记》：

询其历代修葺之功，前建拱宸之楼，中砌碧瑶之阶。阶下有一台，名曰“玉玺“。以原给内帑白金，抡梓材、陶瓴甓，命工就于玺上鼎建八阁楼一座，题其额曰“天乙楼”，安香火于内。上壁绘玄帝修道事迹，下壁图雷神诸将。但见其金壁辉煌，彩饰焕烂。及画栋雕甍，丹楹朱户。制度森严，规模气象。登之者高明爽恺，眺之者壮丽峥嵘，俨然一新胜境也！是楼经始于正德十年九月吉日，洛成十一年十一月十七日。

原文“洛成”当为“落成”之误。从该文献记载看，天乙楼在原拱宸楼后，位于中部“碧瑶之阶”阶下的一方台上，形状是八角阁楼，是可以登临眺览的。

但是，同卷“对联”部分中又同时收录有“八角楼”对联一副、“天乙阁”对联两副，则八角阁、天乙阁应为不同建筑。但八角阁、天乙阁均有“阁”之称，形制当差别不大，且建筑体量不应很大。不同的是一为建筑平面形制而言，一以建筑内供奉的“天乙”命名，两者又可能为同一建筑。惜后期文献没有记载，两者之间的关系已无从考证。

再说老君阁。老君阁是调查当地老百姓所得，位于玄天宫后，与玄天宫后门有廊相联，是整个建筑群中最高的建筑。“文革”中建筑被毁，建筑台基的条石被当地老百姓拆除另作他用。现玄天宫后檐明间金柱上存榫卯孔，是否为原玄天宫与老君阁之间廊道的联接结构，尚有待考证。然考《碑记》等文献，均无老君阁的记载。

历史上，云台观是四川乃至全国著名的道家胜地。今天，云台观仍是重要的道家胜地和四川地区重要的名胜古迹。云台观以其厚重的历史、文化及美丽的自然风光，吸引着天南海北的信众、游人来此朝拜、观光。

注释

[1]《云台胜纪》稿本现藏三台县文物保护管理所，三台县文物保护管理所陈卫进行了初步点校。

[2]《正统道藏》第19册《玄天上帝启圣录》卷一，

第 571 页，文物出版社，1988 年。

[3] 同上，第 571~578 页。

[4] 但从诗的整体性看，应该是完整的；或者是还有一篇未录。即使如此，也应不存在“少一篇，接不起”的情况。

[5]《云台胜记》卷五，郭元翰《再游云台》。

[6] 郭元翰：《云台胜纪后序》。

[7]（明）曹学佺撰：《蜀中广记》卷七十六《神仙记第六：川北道》，文渊阁《四库全书》本。“无着，道君姓赵氏，讳法应，梓州飞乌人也。宋宁宗庆元乙卯上巳日生于县之赵村垭，其夕光焰烛天，村中林木皆作金玉色，有香云芬馥、天花布空之异。七岁读经书，以一览辄尽。弱冠出家于县之云台山，时则嘉泰丙寅之年矣。”按：该卷引用前均注引用书名，该条云“无著”，则说明其来源有别于其他。

[8] 查阅《蜀中广记》卷二十九《名胜记第二十九・川北道・潼川州一》《卷三十“名胜记第三十・川北道・潼川州二》（文渊阁《四库全书》本）均无相关记载。

[9]（明）何宇度撰《益部谈资》卷上：“玄帝幻身在今中江之云台山，峰岫逶迤，殿宇弘丽，乞灵者踵接。另有志可考。”文渊阁《四库全书》本。

[10] 林志茂、谢勷等纂修《民国三台县志》卷一《舆地志・寺观》：“光绪丙戌上九，复不戒于火，将前殿及拱宸楼毁去，独遗玄天宫及山门内九间房等处。是年，附近绅耆酎金培修，将前殿及拱宸楼基址改为降魔殿，于光绪十五年落成。”民国二十五年铅印本。

[11]《民国三台县志》卷一《舆地志・寺观》。

浅析城口县古栈道

——以峡口古栈道为例

徐 进
吴 广　重庆市文化遗产研究院

摘　要：历史上，城口县与外界的交通以山间道路为主，并开凿栈道。本文在实地调查的基础上，对城口县古栈道进行了梳理，并以峡口古栈道为例，分析了凹槽式石栈道的形制和开凿方式。这种独具特色的栈道是极具地域特色的文化资源，适应区域交通需求，见证了当地历史的沿革，承载着当地的文化内涵。

关键词：城口县；古栈道；凹槽式；石栈；交通

一　古栈道概况

城口县位于长江上游地区、重庆市东北部，地处渝、川、陕三省（市）交界处，“据三省（川、陕、鄂）之门户故名城，扼四方之咽喉因称口”[1]。城口县南与重庆市巫溪县、开县及四川省宣汉县毗邻，东北与陕西省镇坪县、平利县、岚皋县、紫阳县接壤，西与四川省万源市相连。从地理环境上看，县境属大巴山中山区，境内山峦重叠，从西南至东北，形成岭谷相间的层状地貌，相对高差大。

历史上，因自然地理环境的限制，城口境内以及该县与外界的交通以蜿蜒崎岖的山水间道路为主，“路崎岖，多碍舆马；溪遽峡，每阻津梁”[2]。道路依山水分布，沿着河流的走向，在斜坡地带开通道路，而在部分无法通过的悬崖险隘地带，即凿壁开路或凿孔架桥以衔接前后，形成所谓“栈道”。因此，栈道是对山谷间常规道路的补充，是为了适应山地区域交通而产生的一种特殊道路类型。

根据1988年出版的《城口县交通志》记载，城口县保留有峡口栈道、杨泗岩栈道、青龙峡栈道、棺材石栈道、阎王碥栈道、月亮岩栈道6处古栈道，这6处栈道分别处在城口县通往周边区域的古道险隘处。峡口栈道处于通往西和西南方向的四川万源市和宣汉县的古道上；

杨泗岩栈道处于通往东北方向的陕西岚皋县的古道上；青龙峡栈道处于通往东和东南方向的陕西平利县、镇平县以及重庆巫溪县的古道上；棺材石栈道处于通往东南方向的重庆巫溪县的古道上；阎王碥栈道处于通往西面的四川万源市和宣汉县的古道上；月亮岩栈道处于县境南边，位于通往重庆开县和巫溪县的古道上。

上述提到的几条古道均是沿着河谷的走向延伸。沿河开道是山区道路普遍存在的现象，因为古人聚居地多选在河流边缘，而河流的边缘地带地势较平，相对翻山越岭而言，沿河开道也是天然的选择。

二　峡口古栈道

目前，城口县境保存下来的古栈道基本都是石栈，其中最为典型的为峡口古栈道（图一）。峡口古栈道是城口县城通往西和西南方向的四川万源和宣汉古道的重要部分，被誉为“城口西路第一咽喉”“西路总口”，其重要性可见一斑。

经峡口古栈道通往万源市的古道，由城口县城“经小河口、广线垭、半边街、双岔河、木瓜口、庙坝、铜罐口、天生桥、夺钱坡、阎王碥、漆树塆，翻白芷山下田坝、双河”[3]等地，到达万源市，在此亦可以去往宣汉县。该古道的走向与现在的城万（城口至万源）快速公路部分路段和202省道的部分路段走向大致相同，从城口县城出发经过城万快速公路至双岔河与202省道相接，再至庙坝镇，穿过白芷山隧道，到达双河乡，与万源市相接。此外，在庙坝分

图一　峡口古栈道局部

路往西南方向“至罗江、爬笋子厂、洋芋坪、翻白沙河、凉风垭至周溪之三元坝而达宣汉”[4]。

峡口古栈道位于上述古道中的木瓜口处。《城口厅志》载：“木瓜口，在厅西九保四十里。两山相夹十余里，天如一线，路缘溪行。无舟梁，春夏水涨，每阻行旅，为西路总口。”[5]峡口古栈道所处区域是峡谷地带，两山夹一河，壁立万仞，中间河流有涨有落，水流急缓不定，因此，要通过此处并保持长期通畅，唯有在河边修建栈道以连通两端。

峡口古栈道相传为唐代所辟，这种说法现已不可考。峡口古栈道目前保留下来的部分总长约130米，保存情况稍好。据《城口县交通志》记载，该段栈道的开凿年代为民国十六年（1927年），因之前的栈道被毁，道路受阻，当地乡绅王有义捐资，在原栈道上方的崖壁上另辟通道，历时3年开通。“文革”期间，部分栈道遭到人为破坏。峡口古栈道直到20世纪70年代都是城口境内以及由县城往西通往万源、宣汉的重要通道。栈道现存部分于2011年被核定为城口县级文物保护单位。

峡口古栈道的形制和开凿方式具有代表性，是比较典型的石栈类型。栈道开凿于峭壁之间，最高处距下方河床约20米，修筑方法是直接在崖壁上凿出凹槽，纵切面大致呈“C”型，底部路面较平整，顶部呈弧状，通高2.0~2.5米，路面宽0.8~1.2米。路段狭窄处或路面垮塌处，在岩石上凿出方形孔，打入石桩，石桩上铺砌石板以补充路面这些石孔、石桩遗迹至今仍可见（图二）。

图二　石孔、石桩遗迹

蓝勇先生在实地调查和研究史料的基础上，以栈道材质为依据，将栈道分为“木栈”和“石栈”两大类；又依据栈道修建方式的不同，将石栈划分为“凹槽式”“标准式”“无柱式”“堆砌式”四种类型[6]，这种分类较为全面地概况了石栈的类型。其中，凹槽式石栈是“将山崖剥凿成石槽，道从槽中通过”，峡口古栈道的修建方法即是此种类型，属于典型的“凹槽式”石栈。其方法是在陡峭光滑的崖壁上开凿出近似“C”字型的凹槽，凹槽底部是平整的路面，凹槽壁的下方开凿较深以拓展道路宽度，上方则较浅且呈弧形往上延伸。这样既可以拓展了道路上方的空间，又减轻了顶部岩石的压力，排除了石块脱落带来的危险。峡口古栈道的局部有路面垮塌的现象。在垮塌处的崖壁上凿出方形或长方形石孔，插入长条形石板以做横梁，在石梁上铺砌石板以做路面，这种局部修补路面的修建方式属于“无柱式”石栈类型。

小结

栈道的历史源远流长。早期的栈道是以木栈为主，具有修建便捷、省时省力的优势，但也容易受人为和自然因素的影响而遭到损坏，耐用性较差。随着时代的发展，金属工具、开凿技艺等不断进步，石栈随之出现。相较于木栈而言，石栈具有坚实耐用、稳定性强等优势。据《城口县交通志》记载，峡口古栈道原是在河岸修筑，后被河水冲垮，因此重修时选择了在高于河床约 20 米处的悬崖上开凿石栈，使其免于河水的侵蚀，也使栈道更为坚实耐用。

峡口古栈道在城口县的交通体系中具有重要作用，被誉为“城口西路第一咽喉”“西路总口”。

峡口古栈道采用的是“凹槽式”的修建方式，这种修建方式是石栈中较为典型的，也是最为坚实耐用的。

峡口古栈道的路面宽为 0.8~1.2 米，属于小规模栈道，适应于当地小规模的区域交通，满足了当时、当地的交通需求。正因为峡口古栈道是小型栈道，路面较窄，所以，当栈道路面出现局部垮塌时，可以用“无柱式”这种利用横插入山体的横梁做支撑的方式来修补。“无柱式”栈道即《水经注》（卷二十七）中所谓的“千梁无柱”，这种修建方式较为原始，方法简便，但安全性较差，仅适用于路面较窄的栈道。而利用这种“无柱式”的方式来修补峡口古栈道小面积的垮塌路面，却是科学合理、相得益彰的，它充分发挥了“无柱式”的优势，又最大限度地规避了其本身缺陷带来的隐患。

峡口古栈道于 20 世纪 70 年代前还在使用，此后因其地理位置的重要性，又在该处修建现代公路，而且现代公路的走向与城口至万源、宣汉的古道走向大体一致。以今天的眼光来看，这种现象说明古人对于道路走向的选择极具合理性和科学性。因此，对古道的研究不仅仅是基于文化遗产本体的研究，也可以为现代交通道路的规划提供相关的参考依据。

峡口古栈道所采用的“凹槽式”的修建方法不仅仅是古人专用，直到今天，在很多山地区域修建现代公路时依然被采用，只是将“凹槽”开凿的更深、更高，使路面更宽，以适应现代交通的需求。可以说，这种类型的现代公路也属于“石栈”。

“栈道千里，无所不通。”古栈道多处于古道的险隘、必经之处以衔接前后道路，对于当地的交通具有重要作用，保障了区域间的经济、文化、军事等诸多方面的交流。古栈道本身也是一种具有地域特色的文化遗存，是适应自然环境和人为需要而出现的，见证了当地历史的沿革，承载着不断累积的文化内涵。古栈道除了具有文物本体的研究价值外，还对古代的政治、经济、文化、军事等诸多方面的相关历史研究具有重要的价值。此外，古栈道对于现代交通路线的规划、道路营建方式等一些问题具有一定的借鉴意义，具有重要的现实意义。

注释

[1][2]（清）刘绍文、洪锡畴等纂，朱华忠、唐光荣点校：《城口厅志》第17页，重庆出版社，2011年。

[3] 林应培主编《城口县交通志》第90页，城口县印刷厂，1988年。

[4] 同上，第91页。

[5] 同上，第104页。

[6] 蓝勇：《中国古栈道的类型及其兴废》，《自然科学史研究》1992年第11卷第1期。

具有多方面价值的《建修可亭堰记》碑

左　启　四川省三台县博物馆副研究馆员

摘　要：本文通过整理《建修可亭堰记》碑文，着重介绍了三台水利工程可亭堰有关历史背景、重要人物，以及该工程的重要作用和影响。

关键词：可亭堰；历史人物

《建修可亭堰记》碑，高128、宽100、厚20厘米。纵排26行，隶书，阴刻，字大3×2厘米。满行35字。碑文右读。其文云：

三台地当川北要冲，人口几近百万，而山多田少，民食不足。自抗战军兴，政府以增粮食，安定人民生活为后方最重要工作。于是，各地对于修堰凿塘，整兴水利，莫不竞相举办，唯恐或后。往年，河东郑泽堰竣工。地方人士即有修筑北坝堰渠之举。嗣经勘查，以地势过高，又于三十里以外引水，工巨资繁，事遂终止。民国三十年春季，涪江航运工程处，为避免柳林滩水险，另由柳林坝开渠筑闸，并设计于船闸右侧，开凿山洞，以引航渠之水，以机器提水，灌溉附城四坝之田，且可利用为发电动力。当时，值旱灾奇重，万众恐惊。县长吴公仲达，愍焉忧之，乃毅然以修堰代赈，派余赴蓉，陈请于层峰。荷蒙四川水利厅长何公北衡，慨允贷款，并于是年十一月，派工程人员，莅县兴工。计由航渠进水，开凿隧道百五十公尺。另于隧道中段安设节制闸门一道，随意开关，以调剂水量。复由隧道引水，达于轮池。装设铁质水力提水机器八部，吸水至渡槽，以达于干渠。渠自柳林下滩起，沿山麓至亭子山。再开凿长二百四十公尺之半隧道，始由明沟沿梅鹤山，经王家桥、琴泉寺等处，至县城西南之潘家坝、黄家坝，尾水入于凯江中。全渠有渡槽四，暗渠十六，提水闸四，尾水闸一，溢道一，石桥八，分水洞六，分水闸四，皆以坚石、水泥为之，以期牢固。干渠凡长八公里，支渠凡长三十公里。动支工程费二百三十万元，机器费六十万元，灌田约五千余亩。是役也，吴公仲达统筹全局，督导周至；工程处梅处长逢春，计划缜密，不辞劳怨；刘主任工程师石生，设计制造吸水机械，工作精巧，运用灵活；工程师武君凤翔、贾君子珍、郭君海镇，副工程师陈君殿英、李君墨龙、王君垲，督工勤劳，始终弗懈；会计主任陈君其相，会计宋君学宏，出纳员林君仕安，管理经费，开支核实，涓滴归公。本会谢副会长渊如，袁副会长亚衡，见义勇为，不计得失，协助施工，尤为出力；事务员马君襄、侯君正卿、陈君治枢，努力服务，尽忠职守；而县府建设科长敬泽书，地方绅耆刘伯宪、欧阳瑶阶、霍新吾诸先生，又皆热心赞助；故得收事半功倍之效。异日稻谷丰穰，不忧旱涝，而复因水力以发电，籍电力以发展工业，其于国计民生，固大有裨益者矣！至堰渠以'可亭'名者，盖以现任国民政府粮食部部长徐公为吾县闻人，功在党国，而于县中生产建设，尤多所兴创，此次北坝堰工之所以克底于成，亦自徐公倡导于上之所致，故取其字以名之，以志徐公之德，与堰渠之利，共垂不朽也！特详其始末，而为之记，以备邦人观览焉。民国三十一年仲秋，三台县环城四坝水利协会会长龙致宁记。（碑文标点为笔者加）

三台城北柳林滩为涪江四大险滩之一，其地水流急，落差大，船行至此，多被损毁。民国二十八年（1939 年），三台县在省水利局帮助下，制定出既可解决行船困难，又可引水发电、提水灌田的于柳林滩兴修航渠之水利方案。此举很快得到国民政府粮食部部长徐堪支持。于是，在民国二十九年十一月至民国三十一年春和民国三十年十一月至民国三十一年秋，柳林滩之航渠工程与可亭堰两大工程得以顺利竣工。可亭堰输水量为 6 立方米 / 秒，以水轮泵将水提至 4.7 米高的引水渡槽，流入堰渠，通过 8 公里干渠和 30 公里支渠灌溉城区四坝 5000 多亩农田。可亭堰自然算不上全国大中型水利工程，但在中国水利发展史上，却占有两项“第一”：一是机箱安装的“铁质水力提水机器”即“刘璞式水泵”，为中国著名工程师刘璞（字石生）在当时具有“全国首创”意义的新发明；二是可亭堰为该项成果当时在全国首家“安装试车”的水利工程[1]。因此，此堰在民国时期极富盛名。《建修可亭堰记》碑的主要历史和科学价值，正在于此。

此外，《建修可亭堰记》碑所涉主要人物，如徐堪、何北衡、龙致宁等，也多具代表性。

徐堪（1888~1969 年），字可亭，三台危月乡（今三台县中新镇）人。1907 年，徐堪在成都加入同盟会；同年 9 月，参加成都起义；失败后，改换姓名，流亡武昌；1909 年返回四川，入四川高等警官学堂深造，1911 年，率四川警官学堂同学及陆军学校 10 余人，参加反清起义；1912 年 3 月，调任夔州关监督，用征收的银两密购军火，充实革命武装，参与北伐讨袁；1919 年当选为广州国会议员，历任国民政府钱币司司长、公债司司长、财政次长、粮食部部长和财政部部长等职。1969 年，徐堪病故于台湾。徐堪尤其关怀家乡建设。民国五年（1916 年），徐堪奔祖父丧还三台时，为倡导地方发展工业，曾在县城方家街徐家词创办郪江丝厂；民国二十六年，三台南桥毁于洪水，徐堪立捐大洋 1200 元，支持南桥之重建；民国二十九年，三台大旱，徐培鼎力赞助可亭堰之兴建；民国三十年，官商合办的三台县银行成立，徐堪又慷慨承担全部股金的十分之一，以促其成；民国三十五年，东北大学迁回沈阳后，地方人士在三台筹建川北农工学院，徐堪欣然就任董事长。直到 1969 年 7 月 29 日弥留之际，徐堪还叮嘱儿孙："死后火化，将骨灰撒在金门附近海域，以示对故乡的眷念"[2]。《建修可亭堰记》碑，无疑是徐堪关怀家乡建设和深受家乡人民拥戴的保存至今的重要历史见证。

碑文中叙及的"何公北衡"即何北衡（1896~1972 年），名恩枢，四川罗江县（今安县）人；民国时期历任巴县知县，国民军刘湘部二十一军政治部科长，川江航运管理处副处长、处长，重庆警察局局长，四川省建设厅厅长兼四川省水利局局长，四川省政府委员，中国西南实业协会总干事，国民政府行政院全国粮食管理局副局长等职。1949 年，何北衡去往香港；1950 年回京，曾任国家水利电力部参事室参事，全国政协委员。《民国人物大辞典》有传。

"三台县环城四坝水利协会会长龙致宁"[3]，三台人。民国三十五年，任三青团三台分团干事长；民国三十七年，奉国民党三台县党部执委会指派负责筹建地方行政干部训练所区党部[4]。民国三十八年八月至十二月，任国民党三台县党部书记长。龙致宁生平以善书驰名于时，所书《建修可亭堰记》，师承《三体石经》，一笔不苟，规整严谨，是其至今仅存的隶书代表作。

注释

[1]《三台县永安电厂志》第 28 页。

[2]《三台中新乡志》。

[3]《三台县志》第 161、155、155、157 页，四川人民出版社，1992 年。

[4]《民国人物大辞典》第 385 页，河北人民出版社，1991 年。

中华文化科学精神的缘起与古羌古蜀文明

刘志荣　西南民族大学教授

摘　要：岷江上游自古就是古羌人居住地之一，并非秦汉之后方有羌族。古羌文化与古蜀文明渊源深厚。科学精神在中华文明初始时期即是其重要组成部分，在这种精神支配下，中国远古科学文明创造出代表当时世界最高科技水平的成果，而古羌、古蜀文明正是中华文明科学精神的主要源头。

关键词：中华传统文化；科学精神；古蜀文明；羌族文化

中华文明绵延上下五千年而持续不断，向来是中国人引以为豪的最大亮点；但同时，由于晚清以后西方的坚船利炮和政府的无能使中国人民遭受了一次次苦难，中华文明虽源远流长、博大精深但缺乏科学精神的观点自此而生，令不少有识之士扼腕叹息。其实，冷静而详实地考察中华文明自萌芽以来的史实，大可不必为之悲哀。姑且不论四大发明的久远历史与重大意义，就是在初创时期，中华文化中早就蕴含着广博的科技文明和科学精神，炎帝、嫘祖、大禹就是中国远古科技文明和科学精神的代表。而这三位传说与典籍中的圣人，与古羌、古蜀文明又有着“剪不断，理还乱”的血缘联系，产生这种血缘关系的地域，恰好就在今之岷江上游和岷山地区。

一　岷江上游既是古蜀文明的发祥地，也是古羌先民的世居之地

学界普遍认为今之羌族系秦汉之际从西北迁徙而来的古羌人与岷江上游土著人融合后的族群，羌族自身也都认同这一说法。照此观点，岷江上游是在距今2000年前后才有羌族居住。倘若果真如此，羌族传统文化和古蜀文明中许许多多文化现象便难以解释，古代文献典籍中不少关于羌人的记载也会变成毫无依据的妄言。只要稍加理性地分析有关文化现象和近些年的考古发现，就不难看出上述观点大有疏漏疑惑之处。

先从羌族民族传说来看。羌族四大

史诗完整地保留传存释比之口，对于一个无法用文字记载自己历史的民族，这些史诗是历经数十代甚至上百代人口传经授的民族记忆。由于地区不同和南北羌语的差异，尽管各有不同版本，但主要内容、基本情节、文本结构、主题思想，甚至主要的语言表述，都是完全一致的。这说明，这些史诗并非是有文字史之后的文人臆造，更不可能是不识汉字甚至不通汉语的释比的照本宣科（释比唱经均由老释比传授，建国前的老释比基本上不识汉字、不通汉语），而是古羌人留存下来的可信度较高的关于羌民族的历史记忆。史诗所述虽不能安全当作真实的历史，但从中却可以看到古羌人活动的影子。羌族四大史诗中那部叙述羌人来历的《羌戈大战》，描写了羌人在天神的帮助下战胜魔兵和戈基人后，定居岷江上游的故事。诗中所述“从北方来”的“狡诈魔兵”“烧杀抢掠”、逼迫羌人西迁的目的，是“来抢牛羊和草场”。从中可以看出，该地当时尚处早期游牧社会，与农耕文明早已成熟的秦汉相距甚远。同时，遭魔兵残杀抢掠后的羌人，不是向南迁徙，而是“集众往西行”，去“找寻幸福新家园”。如果当时是从西北往岷江上游迁徙，就应是往南行而非“往西行”。在天神木比塔抛出三块白石变为三座大雪山挡住魔兵后，羌人改向南行，最先在“热兹大草原”居住下来。热兹即今之松潘，正好是岷江源头所在地。这些情况与炎黄大战后失败的炎帝率部族沿西迁徙颇为相似，起码说明古羌人这次迁徙并定居岷江上游远远早于秦汉。接着，羌人遇到的第二个强劲的对手是“身强像野牛”的戈基人。长诗叙述这些戈基人“生性很凶悍”“性野又凶残”“吃人又吃畜”“皮厚刀难戳”[1]，而且这些戈基人连草把人与真人也辩别不清，“呲牙咧嘴直憨笑，就像群猴乱跳窜”，说明戈基人智力还很低下。试想，如果秦汉之际在距早已建都立郡、经济富庶、文化发达的成都不过一百五十公里的日补坝（羌语，今茂县）、格溜（羌语，今茂县县城）还生活着这样一群茹毛饮血、噬啖同类、智力低下的原始人群，甚或是人类学意义上现代人之前的早期智人，这绝对使人难以置信。由此分析，羌人应是远古时期即定居于岷江上游的族群，或者说，岷江上游原本就是古代羌人的居住地之一。

再从古代文献典籍有关记载分析。古代文献中，多部典籍载有嫘祖、大禹、蚕丛、鱼凫等出自岷江上游或直接言其为羌的记述。这些记述早就成为人类学、民族学、历史学家们引用的经典依据。蚕丛、鱼凫为古蜀国的第一、第三代君主，蜀国开国是在秦汉之前而非之后。既然蚕丛、鱼凫出于岷江上游的石室，古羌人就应早在秦之前很远的年代即居于岷山地区了。同时，“禹山西羌”“禹生西羌”，且具体出生地就在今汶川、茂县、北川一带，已是学界和民间普遍认同的史实。羌族民间传说和民间故事中，也有大量关于螺祖、大禹、蚕丛源于岷江流域和岷山地区的说法。如果羌族只是在秦汉以后方迁徙至岷江上游定居，那么，生活在4000年前的大禹“生于西羌”石纽之地以及关于螺祖、蚕丛等的记载便无从解释。

近十数年来考古发现所揭露的大量文化现象也颇能说明问题。营盘山遗址发掘后，不少专家发现，营盘山文化与长江上游、黄河上游地区的新石器文化有着不同联系，但以本土文化为主。其中该遗址出土的彩陶陶胎中，发现掺杂有一些白色石英石粒。这虽不能断定其为羌族白石崇拜的发端，但二者之间似有渊源，说明早在距今6500~5500年前的新石器时代中晚期，岷江上游居住人群的文化符号与今之羌族核心文化标志有一致之处。考古证明，成都宝墩村文化是三星堆文化、金沙文化为代表的古蜀文化的重要来源，晚于前5000年的宝敦村文化与营盘山文化有许多相似之处，由此可以看到几者之间的脉络关系。在三星堆文化和金沙文化中出现的青铜神树，被一些学者称为通天之树、宇宙中心之轴，是古蜀先民在祭祀仪式中使用的主要神器。而羌族传统文化中的纳萨现象，与青铜神树崇拜如出一辙。“纳萨”是羌语南部方言，北部方言称为“勒色”。羌语本意为祭祀塔（台），有神圣、至尊之意，有时又泛指祭祀活动。羌族在举行大型祭祀活动时，主持者释比、象征天神等神祇的白石、象征宇宙中柱和通天之梯的杉树枝缺一不可，后两者即为神器。活动中释比高举代表与神灵沟通的杉树枝诵经舞蹈，并把杉树枝分插于白石搭之上。这种习俗，至今仍是羌族文化的重要表现形式。美国人类学家张光直早就指出，羌族的这种神树崇拜和“把神树敬置在祭祀神台勒色上的方式、技术、组装和禁忌等许多方面与三星堆青铜神树有惊人相似之处”[2]。宗教习俗是族群区分的核心文化标志，这种原始宗教习俗不可能由岷江上游原居住族群传至成都平原后，再回游到几千年后才迁至岷江上游的羌族传承。神树崇拜现象很好地说明了岷江上游古代族群与青铜时代古蜀先民的渊源，证明岷江上游羌族不仅仅是秦汉之后才迁徙而来。

传说、古籍、考古中的述说和实例都清楚地表明，岷江上游远古时期就是古羌族群的栖居地之一。秦汉以后，历朝历代均有羌人因各种原因从西北等地迁徙过来，与原居住于此的羌族等民族融合，形成今天的羌族，但这并不妨碍岷江上游自古便有羌人居住的历史。这些世居在此的羌人，在血缘关系和文化上与居住在各地的其他羌族早有交融交流，营盘山文化与马家窑文化的联系就颇能说明这一问题。此前已有学者论及岷江上游是古蜀文明的发源地。由此可见，古蜀文明和古羌文化血乳交融，一脉相承。同时，血脉相连的古羌、古蜀文明，又与下文将论及的中国古代科技文明和科学精神有着十分重要的关系。

二　中国远古科学文明在世界古代科技史上占有领先地位，古羌古蜀文明与中国古代科技文明关系重大

说中华传统文化缺乏科学精神，当

是与工业文明兴起后西方国力强盛的比对中得出的论点。诚然，经过文艺复兴、启蒙运动，西方多国从上帝的“控制”中解放出来，人性得以复苏与发挥，人的创造力充分展现，对自然、宇宙和物质的认识及规律的把握进入了一个全新境界，科学技术发展到一个崭新阶段，由此，引发出人类社会发展的新阶段——工业文明时代的到来，西方不少国家也因此走上强盛之路。中国恰在此时开始闭关自守，拒绝新潮，视新的科技文明为洪水猛兽，即使师其技也拒斥其精神，致国力日衰，倍受欺凌。但是，我们却不能因之认为中华文明从来就缺乏科学精神，更不能随意否认古代中国对人类科技发展的重大贡献。

在羌族的神话传说中，关于寻找铁、用特殊方法冶炼铁、用铁制作农具和炊具的传说不少。所以，奉万物有灵的古羌人，把铁和铁匠也作为尊神顶礼膜拜。古羌传说中，更有很多关于大禹不辞辛苦、不顾家事、遍踏高山河流深入考察、采用新法根治水患的故事。这些与神话相伴的古代传说，早已显露出浓浓的科学精神。但在我们熟知的西方神话传说中，却很难见到与科学精神相通又有史实为据的内容。

古羌古蜀先民是最早在生产生活中萌发科学精神的族群之一。古羌人最早驯服盘羊、野牛等野兽，使其成为最重要的生活生产资料，羊也因此成为古羌人区别于其他族群的“族徽”。任乃强先生指出：“羌族的畜牧业生产水平，为世人所知。古代羌族在生产方面的最大成就，便是驯养野兽成为家畜。他们驯养的羊、牛、犬、马成功之早，远远超出世界其他民族。”如果没有认识自然、利用自然的精神、智慧与能力，古羌人就不可能取得这种成就，足见古羌人是我国乃至世界最早萌发科学精神并以此指导实践且取得成绩的族群。羌族日常生活和节庆活动体现的自古沿袭下来的习俗，也反映出这个民族善待万物、尊重自然、爱护环境、节约资源的精神，古老的民俗却透现出具有普世价值和长远意义的现代意识。至于羌碉的建筑技艺，则历来为世人称道。汉朝官吏曾对羌族石匠大加赞赏。而“5·12”大地震中千年羌碉岿然不动，表明很久以前羌人掌握的建筑技术已达很高水平。羌人最先发明了“笮”，是当时全世界最先进的水上交通设施，也是此后各类索桥吊桥的祖师爷。三星堆文化、金沙文化中的青铜冶炼制造技艺、玉石加工技术等，也达到相当高的水平，甚至于现代科技对其中一些技术也难以解释。这种技术的背后，往往需要很高的科技水平和先进的科学精神做支撑。

中国有大量古籍记载了炎帝神农氏、螺祖、大禹的功绩，他们为人尊崇的主要原因恰恰是远古圣贤遵循应对自然、造福人类的科学精神所创造出的成果。我们且以炎帝、大禹为例，印证中华远古科技文明的辉煌历史。

炎帝的功绩集中体现在四个方面：把握四季变化与观察土地状况相结合而提炼五谷种植之术、发明耒耜等先进工具教人农耕、亲尝百草以选择药材解民疾患、精确掌握火候烧陶制器。这些，在诸多典籍中的记载不胜枚举。炎帝的功绩使中华农耕文明由此开始，“在很长的一段时间里，它们一直是东亚大陆农耕文明的领跑者”[3]。炎帝因之与黄帝一起共同成为中华民族的人文始祖。而造福中华数千年的四大功绩，体现出古代先贤认识自然、顺应自然的科学态度，是中华文明中科学精神的发端。

关于大禹历史贡献的记述，大量古籍均重在两个方面：一是治水救民，二是兴邦（建立第一个奴隶制国家）。这两个方面又恰恰是中华民族和中国历史步入新的发展阶段的标志。大禹变堙障之术为疏导之法，有效治理水患，解救万民于灭顶之灾，奠定了各部落族群生存发展的物质基础，并使之承继帝位而首创第一个奴隶制国家，推动中国历史向前迈进了一大步。大禹功绩与大禹精神，不仅典籍记载甚多，今人论述也颇广深，在此无须再言。需要强调的是，在大禹精神的诸多内涵中，最为珍贵、最有价值的主要体现在三个方面：一是面对灾难的科学创新精神。洪水泛滥已历尧舜两代，此前人们在洪荒之灾面前，不是躲避逃亡，就是堙填壅防，其结果可想而知。只有到了大禹，才显示出从容面对、不屈不挠、探寻规律、寻求根治的崭新风貌，体现出以科学精神应对灾难、用创新精神战胜灾难的品格。二是实地观察、深究规律的科学态度。古籍中虽有伏羲赠禹以玉简“度量天地”“禹即持此简以平水土”（王嘉《拾贵记》），“黑蛇衔珠”为禹开山疏洪指点迷津（《太平御览》）等等神话性描述[4]。但遮掩不住大禹有家不顾，万难不辞，踏勘千山，探察万水，“随山刊木，奠高山大川”（《尚书·禹贡》）的事实。这种实事求是的科学态度，是大禹创造出疏导江河、山水兼治新法的基础。三是道法自然、勇于创新、因势利导、综合治理的理念和方略。大禹吸取前人治水经验，更注重对治理对象的观察与研究，师古不泥古，注重革故鼎新，在前人基础上力求新法，在把握规律的前提下征服自然，因而才能从“岷山导江”（《尚书·禹贡》）开始，最终根治九州水患，造福万世。这里尤其需要指出的是，大禹功绩显现出的敢于创新、善于创新、有效创新的精神气质。当时，人类尚处蒙昧阶段，一般人要认识自然、顺应自然已属不易，在此环境中创新并且取得成功，既需要极大的勇气，更需要超人的智慧、脱俗的理念、全新的思路。这些因素，在大禹身上都集中地体现了出来。大禹的创新，目标明确，依据充分；师承前人，寻求突破；理念新颖，方法科学；标本兼顾，旨在根治，闪耀着实事求是、不囿古法、注重长远的科学精神之光，反映出那个时期的远古国人认识水平和知行能力已演进到以主体意识掌控自然、改造自然的崭新阶段。因此，大禹的创新是科学意识支配下的创新，是科学观念指导下的创新。这并非大禹业绩的现代诠释，而是大禹精神核心内容本身蕴涵的深厚意义。以上三个方面，正是大禹精神核心内涵的体现。它的价值、意义对后世的影响，远远胜过治水成就本身。如今，大禹率众治水遗存已无从寻找，但承继他首创的治水理念与方略建成的都江堰，不仅在2000多年前就是当时世界上最大最先进的水利工程，而且至今仍造福于川蜀大地，四川因水旱从人，成为“沃野千里”的“天府之国”。足见，科学精神是大禹精神的不朽灵魂。

综上所述，中华文化的科学精神肇始于炎帝，又由大禹将它推向了史上第一个高峰，由此而使科学精神成为中华文明初始时期就已萌芽并随人类文明进程不断发展提升的重要内容。这种科学精神支配下产生的中国远古科技文明，代表着那个时代世界的最高科技成就，是人类文明史上最早用科学眼光观察、认识自然、以科学态度对待自然、以科学理念处理人与自然关系 的可喜开端。

这种科学精神及其远古科技成果的出现，与岷江上游地区和古羌古蜀文明有着割舍不断的血缘关系。前述古羌古蜀先民的驯兽、青铜制造、玉石切割等自不必说，远古中华文明的代表人物也与古羌、古蜀有着不解之缘。炎帝被尊为羌人始祖，大禹本身就是出于西羌的同族圣贤。他们不仅以其品行智慧、功绩精神赢得时人的拥戴，而且凭据全新的创造成为中华民族的人文始祖。羌蜀同源，古蜀文明是岷江上游古羌文化走向平原河谷后的多元化发展。因此，中华文化的科学精神兴于古羌，远古中华科技文明的第一个高峰出现在岷江上游，古羌古蜀文明是中国科学精神和远古科学技术的主要源头。从史实印证，此说并不为过。这正如李学勤先生所述：“可以断言，如果没有对巴蜀文化的深入研究，便不能构成中国文明起源和发展的完整图景。……中国文明研究的不少问题，恐怕必须由巴蜀文化求得解决。”

包括古羌、古蜀在内的中华民族先贤们在远古科技文明史上的发现与创造，他们所奠基的文化体系中一开始就呈现出来的科学精神，不仅是当今羌人和中华各民族值得自豪与骄傲的珍贵遗产，更是羌族与各兄弟民族在社会发展、文化传承、民族进步中应当继承发展和弘扬光大的宝贵财富。尤其在灾后重建的过程中，继承和弘扬这种科学精神，更具有特殊的意义。

参考文献

四川省少数民族古籍整理办公室主编《羌族释比经典·上卷》，四川民族出版社，2008年12月。

张光直：《美术、神话与祭祀》，辽宁教育出版社，1988年2月。

耿少将：《羌族通史》，上海人民出版社，2010年4月。

邓经武：《大盆地生命的记忆——巴蜀文化与文学》，电子科技大学出版社，2005年8月。

李学勤：《略论巴蜀考古新发现及其学术地位》，《中华文化论坛》2002年第2期。

乡村振兴背景下羌族民间刺绣的传承与保护

周裕兰　四川民族学院美术系讲师

摘　要：当前羌族民间刺绣的传承创新陷入了市场化的冲击、自身定位不明确的尴尬局面。党的十九大报告明确指出要“实施乡村振兴战略”。在此背景下，保护羌族民间刺绣必须整合资源，加快研发，提升产品的附加值；发挥政府职能，提供宽松的从业保障；唤起社会大众对羌绣传承保护工作的主人翁意识。

关键词：羌族民间刺绣；传承；保护

“乡村振兴战略”是习近平总书记在党的十九大报告中提出的重要战略。当前，在乡村振兴的战略背景下，充分认识羌族民间刺绣的自然生态和文化资源禀赋，激发脱贫致富的内生动力，以文化生态保护为基础，以羌族民间刺绣工艺传承发展为抓手，以特色产业发展为路径，形成文化驱动、产业发展、生活改善的联动机制，实现精准脱贫、文化发展、乡村振兴，有长远意义。

一　面临的机遇与挑战

（一）面临的机遇

1. 政府力量的注入

自我国政府于 2004 年 8 月接受了联合国教科文组织通过的《保护非物质文化遗产公约》中，“非物质文化遗产”这一术语和理念[1]，在我国落地生根已有十余年。上至中央下至地方政府对“非物质文化遗产”的保护力度逐步加大。2005 年，国务院办公厅出台《关于加强我国非物质文化遗产的保护工作的意见》后[2]，四川省文化厅与省内各地方文化部门按照其要求对各项非遗项目的普查与申报给予了高度的重视，投入了大量的人力、物力和财力。从支持传承人开展培训工作，给予资金上的帮扶，到开展数字化保存与记录，将所有非物质文化遗产的资料实现动态管理，乡村振兴也支持少数民族文化、传统手工技艺等民间文化的传承与发展。羌族民间刺绣作为其中的一员，这些政策的支持为它的发展提供了良好的条件与平台[3]。

2. 社会大众的参与

学者、传承人、商人等民间力量，为羌族非遗的发展出谋划策。如钟茂兰、范欣、范朴、黄洋、卢娜、袁姝丽、刘蕙子、陈宇、周莉等学者从学术的角度出发，出版或发表了有关羌族刺绣、民俗、歌舞的书籍与论文，并运用民俗学、美学、设计学、经济学的理论，对这些非遗项目及所面临的困境展开了全方位的观察、整理和研究，应用学理的力量来提高大众关于羌族文化的理论知识与保护意识。李兴秀、陈云珍、陈清芳、王露琼等羌绣传承人认识到自己技艺与作品的文化价值后，满怀热情地投身至羌绣的保护与传承的队伍之中。他们带徒传艺，自觉承担地传承的重任。四川羌寨绣庄有限责任公司、北川羌族自治县幸福羌绣有限公司等校企合作的商业机构虽然从盈利的观点出发，但不可否认，他们手中掌握的资金为羌族刺绣的保护与实践发挥了积极的作用，助力乡村“挪穷窝”“换穷业”“拔穷根”。这均有赖于政府正面的沟通与引导。

（二）面临的挑战

1. 市场化的冲击

对羌绣的生产性保护不可避免地牵涉到产业化、商业化的焦点上来。如若掺杂太多经济因素，那么价值高、噱头多的那部分（机绣）才有机会进入大众的视野，价值低、投入高的那部分（手绣）则被闲置，这对羌绣文化是新一轮的破坏。但仅依靠政府、学者、传承人和学徒来带动整个羌绣的保护队伍，不与市场挂钩，就会造成资源的浪费。所以，笔者认为，对羌绣进行适度开发是必要的，也是可行的。羌绣文化是核心，市场是载体，文化和市场结合至成熟条件后，会产生较好的经济效益和社会效益。那么，在生产性中保护好文化特色，在保护中使其得到开发和利用，实现产业的良性发展，双层驱动。但市场是一把双刃剑，在调和经济价值与传统手工技艺之间的矛盾时，对“度”的精准的把握就显尤为重要。

2. 重视不够

与江苏苏州、湖南长沙把民间刺绣当成重点对象来开发、扶持的情况相比，羌绣在国内一直处于低谷的位置，导致乡村振兴打了折扣，它沦为了民俗中的附属品，可见只有走高、尖、精的路线才能提高它的品牌价值，提升良好形象。但就目前来说，羌绣的产业发展离那一步还有很远的距离，这主要是因为思想上的认识、人才的培养、管理的力度还不够充分，地方的政府部门与羌绣从业者对传统手工艺并不重视，保护措施也是流于形式，整个行业缺乏严格的政策引导和龙头企业的带动。虽然羌族文化遗产资源丰富，但要与江苏苏州、湖南长沙相比，首先在地域上就难占优势，况且苏绣、湘绣发展已初具规模，不论品牌知名度还是原生态的完整度都要远超于羌绣。可见，羌绣将来想要在全国的刺绣市场中成为一支有生力量，势必面临巨大的竞争与压力。

二　乡村振兴背景下发展羌族民间刺绣文化创意产业的建议

文化创意产业是21世纪各国方兴未艾的产业之一，它将重点放在个人的创造能力上，强调财富与就业，是拥有原创性、整合性、高价值等特征为一体的新兴产业，成为影响地方乃至国家经济与文化评估的重要指标。

羌绣作为非物质文化遗产，既是传统羌文化基因，也是羌族女性手工技艺的内容，具备地域特色与商品属性双重特征，拥有与文化创意产业接轨的先天优势。因此，在保持羌绣的“原真性”的前提下，通过搭建生产与消费间的这架“活态保护”的桥梁，将它转化为可利用的文化资源，不仅能增强市场竞争力，助力乡村振兴，更容易获得社会认同感，是羌绣重新融入现代社会的可持续发展之路。适逢国家着力提高文化产业水平与实力的大环境下，将非物质文化遗产定为文化创意的智慧之源，是彰显身份与魅力的标识。因此，笔者试从产业化的视角，从市场运作、政府引导、公众参与三个方面提出羌绣以新的容貌回归现代生活的科学途径，在增强自身能力的同时自然地完成羌绣的传承与发展。

（一）整合资源，加快研发，提升产品的附加值

羌绣饱含着羌族人民的智慧和审美观念，具备本土性、民族性的特点。但要使它适应商业化的社会，仅靠埋头苦干难以走出目前的困境，还需要通过对形式内容的转变、产业融合的推动，传播渠道的选择，才能壮大羌绣产业的竞争力与影响力，支持乡村振兴。

1. 实行差异性定位策略，适应不同层次的市场需求

（1）在工艺创新与优良设计的背景下，推行各类型、档次的产品

高端市场则由工艺美术大师、传承人带头，从事原汁原味的手工羌绣艺术品定制，由于价位高昂且多出于研究与收藏的目的，所以要具备较高的观赏价值，讲求工艺精湛程度；中端市场从业人员则以高校培养的设计人员与企业技师为主，注重现代设计理念，既沿用传统羌绣工艺，也不排斥与机械的合作，主要从文化、生活中提炼元素，寻求产品实用性与艺术性的融会贯通；低端市场则由手艺人自发组织，绣制低成本、易携带的特色工艺品，这也是普通大众的首选。

（2）质量与特色是关键，推陈出新才有向上空间

产品的定位上，应根据不同的消费层次采用相应的策略，但完全脱离手工制作范畴则不可取，价位的高低只能说明材料、工艺等方面的精简，不能减少设计与制作所投入的含金量；材料上，可以根据档次的差别挑选相应的绣线与绣布，如传统的丝线、绒线、土布、棉麻都是制作羌绣的理想材料，但时下热门的对现代纤维艺术的运用也值得借鉴；

功能上，讲求实用与审美并重，由服装到家具、摆件、灯饰、布艺织物等室内软装，渗入生活中的各个领域，将羌绣的功能发挥至最大化；内容上，可尝试与羌族自然资源的有机结合，羌绣香囊久负盛名，它是用艾草、菖蒲、香草等数种药草制成，干烧可以抵御蚊虫叮咬，水煎可以驱寒祛湿等；造型上，应不再拘泥于传统纹样的再现，题材既可表现羌族风情和自然风光，也可将传统元素进行提炼、解构和重组，融入时尚元素。

2. 拓宽文化创意产业链，优化品牌形象

羌族集聚地多为高原和山区，交通闭塞，缺乏企业基础，但当地的传统文化保存较为完好，民族风情浓厚。在“精准扶贫”政策的指引下，这里成为民俗旅游的首选之地，要实现游客的消费需求，融入商业元素的文化创意旅游产品就成为开发的前提条件。因此，以扩大羌绣产业发展空间为目标，打破边界，与旅游、演艺等产业互渗合作，不但能改善各自品位，还可以加快羌绣生产的步伐，达成旅游业与手工业市场的共赢。

以阿坝州茂县为例。近年来，茂县着力打造地方民族特色文化品牌，将旅游产业作为县域经济的支柱产业实施重点扶持和培育，位于茂县凤仪镇的中国古羌城，2016年接待游客80万人次，实现营业收入2000万元，旅游产业发展取得了可喜的成绩[4]。从以上数据可得出，包括羌绣在内的游、购、娱等旅游产品，产生了丰厚的经济收益。就目前市面上所销售的一系列羌绣产品，如服装、鞋、包、围巾、桌旗等，几乎都来源于本地羌绣公司。笔者在采访羌寨绣庄及四川兴绣藏羌文化工艺发展有限公司的李兴秀[5]时得知，受聘于该公司的员工都是已婚家庭主妇，她们利用自己的空余时间制作产品，经营者按工钱收购。高额的利润促使羌族民间刺绣遍地开花，吸引着周边等地的商户前来定做。附近的文化有限公司还在当地开辟了一条旅游线，聘请妇女在家中做羌绣，以市场价计算工钱，让原本须花费较长时间缝制、售价较低的云云鞋价位提升。由于工钱按时长结算，开发者会压缩时间成本，将绣娘聚集起来，要求她们在规定时间内完成，严格把控质量及工艺，形成公司+基地+农户的生产模式，加速了羌绣产业化的步伐。绣品的供不应求让原本在家务农的妇女有了额外收入，外出务工的女性也有了返乡的趋势。而身为制作者的她们，运用自己的手艺为丰富产品的种类做出贡献，在乡镇的民俗活动中，集体刺绣、售卖的场景成为一道靓丽的风景，既让游客体验到“返璞归真”的民族风情，也唤起了消费者购买的兴趣。需求的增加为工艺的传承提供了动力，将女性从局限的就业范围中解脱出来，既改善了家庭经济，还为羌绣产业的发展提供了相应的人力资源。

自从茂县开展规模性的旅游活动后，歌舞表演时，传统羌族服饰就成了非遗传承人舞台装的首选。为打造“旅游旺县”“文化强县”，近年来，茂县政府大力倡导各机关单位每周轮流举行“周周乐”活动，实行“四羌”——穿羌服、唱羌歌、跳羌舞、说羌话。由茂县民族宗教局牵头，每人定制4~5套羌服，在上班期间，本身是羌族的干部就穿着本民族的服饰。每逢节日盛会，对羌绣服装等手工艺品的需求量更大。如茂县举行的瓦尔俄足节，在会场、酒店、宾馆等公共设施处可以经常看见服务人员身着羌服来接待游客，受到了消费者们的追捧，纷纷合影留念或购买羌服，让原本置于“边缘化”的羌绣以民俗旅游、展览、餐饮、娱乐为线索，重新融入到具体的活动当中，带动了多个产业集群的全面发展，所形成的传统文化氛围对强化本民族的荣誉感有加速作用。

品牌形象的构建，则需整合多方资源，拓展营销渠道。羌绣产业要实现良性发展，除了行业内部的自立自强外，还应包括学术界给予理论支撑、设计界提供智囊方案、行政机构制定发展规划。通过政策的引导与相关配套设施的完善，调整企业的产品结构和运营制度，走研发、生产、销售、服务、培训为一体的精品化路线，实现资源互补与联动效益。强大的产业辐射作用之下必然会吸引更多的中小型商家集聚，各职能部门对此要进行支持与保护，结合各地特色与商家特点，合理规范空间布局，通过策划、宣传、统筹和执行，灵活组建如羌绣之旅、文化节、刺绣村、手工创意集市、书籍画报、传承人自传等不同类型的文创产品，打造一系列特色主题，凸显品牌差异化的魅力。

3. 运用多元媒体的传播手段，增加羌绣的知名度

（1）采用平面与网络媒体结合的方式，确保羌绣内容能覆盖到不同层次的目标群体

平面类指的是在当地具有较强的权威性的区域性报纸和杂志，可以普及本地人群对羌绣的认识；网络媒体是指消费者已经养成了购买物品之前先上网查询的习惯，运用百度等搜索引擎将羌绣的关键词精准地连接至各县政府官网与羌绣网上商城；网络媒体还包括微信、微博等自媒体，通过开设官方号传播消息，还能及时了解目标群众对羌绣产品的反馈意见。

（2）选择性参加大型展销会、博览会、论坛峰会等专业性较强的交流会

这种类型的会展每年都会制定不同的主题，参展的商户或个人只有符合举办方标准才能被邀请或申请参加，整体质量较高，所搭建的互动平台，能够最大限度地拓展机遇。

（二）发挥政府职能，提供宽松的从业保障政策

政府是具备决策、组织、监管三类角色为一体的综合权力机关，它的领导和管理在乡村振兴中大有作为，关乎羌绣传承与发展方向，要形成保护与开发并重的空间格局，可从以下几个方面着手：

1. 重视传承主体的培养

传承是“传道授业”的过程，也是技术的传播活动过程，它的应用和发展依赖特定人文社会环境。然而在现代社会对专业技能的要求逐步提高的局面下，羌绣的传承仍旧停留在家庭作坊模式，产生了大量的资源浪费，因此健全的人才培养机制显得尤为紧要。

（1）摆正对羌绣传承人的态度，给予她们应享的权利

有些羌绣传承人除了获得名誉上的称谓外，并未给她们带来教学、生活方面的改善。由于文化水平不高，家中的经济来源于给景区打工和务农，她们认为，如果将所有精力全部放在刺绣上，那么所得收入必然会低于最低生活标准。在基本生活难以维持的情况下，传习工作就难以展开。目前，由于没有年轻人再跟她们学刺绣，她们逐步将重心放在羌舞上，很少再拿起绣花针。从这个例子可看出，当地政府对羌族刺绣的保护稍显滞后。所以，各职能部门不仅要加大羌绣传承人的普查力度与范围，构建国家、省、市、县、乡、村各级羌绣传承人梯形队伍，安排各级传承人按照老、中、青进行搭配，缓解传承人老龄化及断代的窘境，还要将不同级别羌绣传承人的补贴落到实处，解决他们基本的生存问题；同时支持她们开展带徒授业的活动，使精神关怀与物质帮扶齐头并进，进而调动地区群众的参与热情与保护意识。

（2）培育或引进羌绣技艺与文化创意兼备的复合型人才

一是改革现有的教育模式。一种是基础教育，可着重于对中小学生普及羌绣知识与技能，形成学校、家庭、社会的良性互动。在三者的互动中，社会给予财力，传承人提供技艺，学校获得特色办学的名气。对于学生来说，一方面作为羌家子弟，传承本民族文化是他们的骄傲；另一方面，制作的羌绣产品具有一定经济价值，既可以联系公司进行收购，还能吸引社会爱心之士前来赞助，帮助他们解决上学难、生活难的问题，在乡村振兴中发挥更大作用，形成双赢局面。另一种则是专业教育。企业可与阿坝师范学院、成都纺织高等专科学校等地方高等院校合作，成立羌绣研究中心，构建高素质人才的培养模式，完善相关课程与专业体系的框架，为羌绣文创产业输送优秀的从业人员。由于这类学院、中心的科研能力与文化氛围等综合条件相对完善，具有理论与实践研究的长处，可以弥补家庭传承模式的不足。那么，从公平竞争的角度出发，改进技能认证、职称评定制度，打破传统的考核体系，才能避免出现人才流失的局面。同时设立相应的奖励机制，根据个人或团体对其贡献力量的大小，获得相应的专利、管理等红利，以此来调动他们的积极性与使命感，只能这样，才能使企业在竞争中发展壮大。

二是营造“羌绣文化创意圈”，发挥人才集聚效应。将区域内外交流活动常规化，以学习先进理念为导向，加强

人才之间的沟通，以求新求变为目标，吸引更多有识之士投入到羌绣产业建设之中。

2. 设置专项资金与优惠政策，打造多样化的展示平台

在政府的号召下，通过拨款、招标等方式，吸纳社会资本共同建设文化创意产业园、创意街区等，将它们作为所有羌族非遗项目的平台与载体，将资源整合到集团化、标准化，最终达到效益化。笔者在考察阿坝州羌族民间刺绣时，发现刺绣公司、工厂几乎都聚集在商贸旅一条街上。如茂县羌绣百货店、汶川文锦羌绣有限公司以及理县露琼手工艺羌绣专业合作社的主干道周边，形成了附近绣品的加工与分销中心。另有茂县凤仪镇的中国古羌城等大型基地，成为节庆汇演、教学展示、创意集市活动的主要场所。这些都是实现绣品增值的成功案例。

3. 发挥政府的监管职能，制定健全的法律法规，形成有序的市场格局

对于羌绣原创者，要保护他们的个人知识产权，打击侵权行为；对于羌绣经营者，要实施适度开发、公平竞争原则，规范他们的交易行径，还可以运用政府的公信力来调动民众与媒体对他们进行督促与制约。另外，为便于统一管理，可考虑成立羌绣产业管理部门，当企业与高校等机构合作遇到问题时，或企业与高校有新建议，均可及时反馈至该部门，使该部门成为囊括规划、引导、扶持、执行等多方面服务的机构。

4. 推动政产学研与协同创新的结合，降低各方风险，激发新潜能

横向来看，主要是由政府主导创新环境、科研部门与企业提供技术支持，产业集群发挥创新效应，最终形成资源共享，优势互补的多维组织，这是保障经济、教育和科学共同发展的有效路径[6]。纵向来说，从投资策划、生产包装到最后的消费流通，这三个关键点都需要智力资源的指引。那么，在产业化培养模式的倡导下，将人才、产品面向市场，接受社会的检验才能达成文化资源到经济价值的高级转化。

（三）唤起社会大众对羌绣传承保护工作的主人翁意识

羌绣来源于民间，它的文化价值底蕴深厚，既是高于物质享受的精神粮食，也是一支能汇聚正能量的民族“软实力”。要想抓住重返荣耀的契机，应形成以社会大众为主的传承群体，只有这样才能确保其健康发展。

1. 开展羌绣文化的宣传及教育，引导公众参与其中，提高他们的认知与接收能力

（1）开办家庭博物馆等公众展示场所

笔者在阿坝州茂县叠溪镇排山营村采访羌绣传承人祁安春时，她与自己的儿媳妇张甜（羌绣传承人）、王清以及儿子、孙女们同住在一栋木楼里，一楼放置杂物，二楼既是小型展示馆也是传习基地，大厅和侧房的墙壁上悬挂着她与两位儿媳妇的作品、证书、织机，整个

房间可以容纳 20 余人学习，三楼则是这个大家庭休息的地方。在学习和交谈过程中，传承人从吃饭、教学、创作、展示等活动中呈现的状态是真实且生动的，她们并不会如外出参展般刻意规范自己，而是在轻松的环境下与参观者形成互动。可见，这类由人、住所、展品等构成的场地传递着感性而原始的信息，传承人与参观者同周围的环境、文化形成全方位的交流，使双方都获取了与众不同的感受，有利于文化的传承，增强她们居家就业，参与脱贫攻坚、乡村振兴的能力。与传统的博物馆、展示厅构建的空间相比，家庭博物馆在建设上经费较少，传播的方式更人性化，内容更灵活，因此要让羌绣的传承方式适宜现代社会的发展，在转化上应该要“接地气”。

（2）区别于静态展示，开展设计、摄影大赛，举办文化创意周等专业人员与群众交流互动的公开课堂

将羌绣产品的生产过程透明化，邀请客户自己动手制作简单的半成品，更能激发他们的兴趣与创造力。从研发者角度来看，参与者的成长背景不同，因此他们对于产品的感受也不尽相同，将他们对产品的使用感受、改进思路进行收集整理，才能真正明白消费者的需求；对参与者来说，只有直观真切地感受到研发者对羌绣产品的解读，才能真正使羌绣文化深入人心，从而使其自愿加入保护传承队伍。

2. 成立羌绣协会等民间组织

就目前来说，阿坝州羌学学会对于羌族文化的研究成果颇多，但却没有将羌绣作为地方名片进行推广宣传。那么，以维护本土羌绣利益为己任，可考虑学习各地出色刺绣团体的行业机制、制定标准、发展规划或加入该团体获取资源。另外，还可以成立羌绣协会等民间组织，将本行业的基本情况及时反馈给政府机构，协同政策的制定，帮助企业或高校举办学术或培训活动，架起企业之间沟通的桥梁。

注释

［1］王文章：《非物质文化遗产保护与田野工作方法》，文化艺术出版社，2008 年 3 月。

［2］《国务院办公厅关于加强我国非物质文化遗产保护工作的意见国办发〔2005〕18 号》（2005-08-15）［2015-12-07］。

［3］基金项目：本文系四川省教育厅项目“羌族民间刺绣艺术文化的保护与传承”（编号 18SB0506）；四川民族学院 2018-2020 年高等教育人才培养质量和教学改革项目藏区民族工艺传承创新应用型人才培养模式研究与实践；四川民族学院自办科研项目（重点）“四川藏区乡村振兴战略实施的必要性、面临的问题及对策”（项目编号：XYZB18010SA）的阶段性成果。

［4］秦川，杨成万，陈雨禾：《茂县“工匠”李兴秀：让羌绣走向世界》，2018 年 5 月 17 日《金融投资报》。

［5］李兴秀：羌寨绣庄及四川兴绣藏羌文化工艺发展有限公司老板，该厂是阿坝州兴秀技能培训学校《羌族民间刺绣》课程的实训基地，她也是该校的外聘指导专家。

［6］孔祥浩，许赞，苏州：《政产学研协同创新“四轮驱动”结构与机制研究》，《科技进步与对策》2012 年第 22 期第 15、16 页。

《西南半壁》编委会启事

《西南半壁》是宜宾市文化广播电视和旅游局主管、宜宾市博物院主办的立足宜宾、面向西南的研究文集，内容涵盖博物、文物、历史和非物质文化遗产等诸多领域，坚持学术性和普及性，同时兼顾资料性。2018 年 10 月创办，暂定一年一集。现就相关问题，作如下说明。

栏目设置

1. 酒都酒文化　研究酒都宜宾及中国白酒的起源、发展、酒风和酒业。

2. 博物馆建设　博物馆建设、运行、陈展、教育、文创等方面的实践和理论。

3. 藏品研究　对重要文物进行研究，挖掘历史、艺术和科学价值。

4. 文史探索　文博和历史领域创新性的新信息、新经验、新观点、新成果。

5. 考古发现　考古发掘、清理和勘探简报，对新发现进行研究的成果。

6. 古迹追踪　介绍西南地区优秀的、有影响力的历史人文，包含地方特色文化、杰出人物和民风民俗。

7. 非遗保护　对非物质文化遗产的保护、利用和传承进行的探索。

征稿要求

1. 来稿格式

（1）题名。包括文章的要旨，一般不超过 20 字。

（2）作者。作者简介包括姓名、单位、职务或职称，主要研究方向、通讯地址、电子信箱、联系电话。

（3）摘要。摘要内容为文章的浓缩，突出自己的观点，不超过 200 字。

（4）关键词。3~8 个文章主要内容的名词性术语。

（5）正文。要求立意新颖，观点明确，内容充实，论证严密，语言精炼，资料可靠。字数以 3000 字左右为宜（重大学术文章除外），尤为欢迎有新观点、新方法、新视角的稿件。图片最好彩色，分辨率为 300dpi 以上，并附说明文字。

（6）注释：采用尾注形式，需注明引文出处、作者、出版社、页码，为宋体 5 号。如 [1] 马承源：《中国青铜器》（修订本），上海古籍出版社，2003 年，第 289 页。

2. 文章稿酬

来稿保证无抄袭、署名排序无争议，

文责自负，请勿一稿多投。来稿一经采用，将发出《用稿通知单》，稿费为200元/千字，并赠送当年文集2册。

稿件的版权（包括电子版权）属于宜宾市博物院。

3. 投稿方式

文集实行无纸化办公，来稿一律通过电子邮件（WORD文档，题目用宋体3号，其余宋体5号）。30个工作日未见通知可自行处理。欢迎来电查询，以免影响正常发表。

投稿邮箱：xnbb2018@163.com

咨询电话：0831—8224168